# WIDERSTAND!

Dieses Buch ist Betty und David Segalov gewidmet,
die mir gezeigt haben, wie wichtig Gemeinschaftssinn
und Mitgefühl sind, und auch Tamir, der dieses
Denken in die Zukunft tragen wird.

Laurence King Verlag GmbH
Jablonskistraße 27, 10405 Berlin

www.laurencekingverlag.de

Text © 2018 Michael Segalov für Huck

Michael Segalov hat sein Recht unter dem Copyright,
Design and Patents Act 1988 geltend gemacht, als Autor
dieses Werkes benannt zu werden.

Art direction und Design: Oliver Stafford, TCO London
Cover design: Mylène Mozas, mylenemozas.com
Übersetzung: Bianka Kraus, Neumarkt in der Oberpfalz
Satz: Igor Divis, Dortmund
Juristische Beratung für die deutsche Ausgabe:
RA Malte Pehl, Dortmund
Internetrecherche für die deutsche Ausgabe:
Lino Hauffe, Dortmund
Lektorat und Projektleitung: hauffe publishing, Dortmund

ISBN: 978-3-96244-023-7
1. Auflage 2018
Printed in China

© 2018 der englischen Originalausgabe:
Laurence King Publishing Ltd., London

# WIDERSTAND!

Handbuch für Aktivisten

Michael Segalov

Laurence King Verlag

# INHALT
—

# VORWORT
## VON OWEN JONES
—

Die oberste Prämisse des Aktivismus lautet: Jede Ungerechtigkeit ist vergänglich. Sie ist die Konsequenz aus bewussten menschlichen Entscheidungen – und kein tragisches Schicksal. Sie kann beendet werden, aber nur, wenn der Wille und die Entschlossenheit da sind. Ungerechtigkeiten sind das Nebenprodukt einer Gesellschaft, die zugunsten privilegierter Interessen manipuliert wird. Privilegien – und die Konzentration von Wohlstand und Macht in den Händen kleiner Eliten – gehen unweigerlich mit Ungerechtigkeit einher. Es liegt im Interesse der Eliten, ihre etablierte Position zu verteidigen, und dafür setzen sie ihre Macht und ihren Einfluss ein.

Das einzige mögliche Gegengewicht für die, die durch die bestehenden Verhältnisse benachteiligt sind, ist, von ihrer kollektiven Macht Gebrauch zu machen. Ja, die dominierenden Interessengruppen unserer Zeit verfügen über Netzwerke, Medienunterstützung, Geld, Know-how und politischen Einfluss. Doch diese systemische Macht ist immer wieder von Bewegungen erschüttert worden, die sich die kollektive Stärke derjenigen zunutze machten, denen es – auf individueller

Ebene – an Wohlstand, Macht, Einfluss und Beziehungen fehlte. So wurden alle Rechte und Freiheiten, die wir heute haben – und als selbstverständlich betrachten –, erkämpft. Die ersten Gewerkschaftler wurden massiv verfolgt. Die sogenannten Tolpuddle-Märtyrer – Landarbeiter aus Dorset in den frühen 1830er Jahren – wurden nach Australien deportiert, weil sie den Versuch gewagt hatten, sich gewerkschaftlich zu organisieren. Eine der ersten großen politischen Demonstrationen des Britischen Königreiches sowie eine von Hunderttausenden unterzeichnete Petition unterstützten sie in ihrem Kampf.

Die Chartisten – die erste bedeutende politische Arbeiterbewegung der Welt, die dafür kämpfte, dass Arbeiter in der Politik Großbritanniens im 19. Jahrhundert ein Mitspracherecht hatten – wurden verhaftet und umgebracht. Frauenrechtlerinnen werden heute als moderne Heilige gefeiert. Nicht so in jener Zeit, als sie bei Demonstrationsveranstaltungen von Polizeibeamten abgeführt, in verschmutzte Zellen gesteckt und mit Schläuchen durch die Nase zwangsernährt wurden. Die Vorstellung eines umfassenden Wohlfahrtstaates und eines öffentlichen Gesundheitssystems war undenkbar, ein abwegiger Traum, der von den Mächtigen verhindert wurde. Menschen, die gegen Rassismus, Sexismus und Schwulenhass kämpften, wurden angespuckt, von Polizeibeamten mit dem Bajonett erstochen, verhaftet und von den Medien verachtet. Heute sind diese Aktivisten rehabilitiert. Doch zu ihrer Zeit waren sie allein, und es schien oft so, als würde sich die ganze Welt gegen sie verschwören. Die Öffentlichkeit hatte kein Verständnis für sie … oder schlimmer noch. Doch sie errangen bedeutende Siege, auch wenn dies zu jener Zeit unmöglich schien.

Ohne Aktivismus gibt es keine Hoffnung auf die Überwindung der Ungerechtigkeiten, die unsere Gesellschaft bestimmen. Doch es sei darauf hingewiesen, dass der Fortschritt und der gesellschaftliche Wandel, den der Aktivismus erzielen konnte, kein linearer Prozess ist. Es handelt sich nicht um eine Geschichte von Erfolgen, bei denen jeder an den letzten anknüpft. Es ist auch eine Geschichte von Niederlagen und Rückschlägen.

Die heutige Politik Großbritanniens etwa kann nur verstanden werden, wenn man die Rolle des Aktivismus und der Kampagnen betrachtet. Nach ihrem dritten Wahlsieg im Jahr 1987 machte sich Margaret Thatcher daran, einen neuen politischen Kurs zu präsentieren: Sie nannte es „kommunale Bürgersteuer", gemeinhin als „Kopfsteuer" bekannt. Es wurde eine Pauschalsteuer eingeführt, um Kommunalbehörden mit Geldmitteln zu versehen: Jeder Bürger sollte denselben Betrag zahlen, egal, ob er reich oder arm war. Diese stark regressive Politik löste nationale Proteste und zivilen Ungehorsam aus. Viele Bürger weigerten sich, diese Steuer zu zahlen. Der breite Boykott führte 1990 zum Sturz der bis dahin unangreifbaren Margaret Thatcher – und zur Abschaffung der Kopfsteuer.

Als die Konservativen und Liberaldemokraten 2010 eine auf Sparpolitik ausgerichtete Koalition bildeten, startete eine Gruppe junger Aktivisten eine Strategie, um sich dagegen zu wehren. Die neue Regierung behauptete, dass Kürzungen nicht vermeidbar wären, da das Geld einfach nicht da sei. So nicht, sagten sich die Aktivisten: Jährlich gehen Milliarden Pfund verloren, weil die „Steuerumgehung" ein industrielles Ausmaß angenommen hat. Es wurde das Protestnetzwerk *UK Uncut* gegründet, das Geschäfte und Unternehmen besetzt, deren Inhaber die Steuerzahlung umgehen. Prominente Beispiele hierfür waren Vodafone und Starbucks. Zahlreiche dieser Aktivisten wurden verhaftet. Doch ihre Aktion traf den Nerv der Bevölkerung und sorgte so dafür, dass Steuerumgehung eines der zentralen politischen Themen unserer Zeit wurde.

Die neue konservative Regierung löste eine Welle politischer Unstimmigkeit aus. Die Liberaldemokraten hatten im Wahlkampf für die Unterhauswahlen zugesichert, die Studiengebühren abzuschaffen: Nach Bildung der neuen Koalition stimmten sie dann jedoch dafür, diese zu verdreifachen. Zehntausende Studierende gingen auf die Straßen und besetzten aus Protest ihre Universitäten. Im November 2011 orga-

nisierten Gewerkschaften die größte Arbeitsnieder-
legung seit dem Generalstreik: Hunderttausende
Angestellte des öffentlichen Dienstes traten in den
Streik. Die Organisation *Disabled People Against Cuts*
(Menschen mit Behinderungen gegen Kürzungen)
ging direkt gegen Kürzungen vor, die Menschen mit
Behinderungen besonders schwer trafen. Es wurde
die Initiative *People's Assembly Against Austerity*
(Volksversammlung gegen Austerität) ins Leben ge-
rufen, um Massenkundgebungen und -proteste im
ganzen Land zu organisieren.

Ohne diesen politischen Kontext wäre der Aufstieg
des linken Hinterbänklers Jeremy Corbyn zum Vorsitzenden der Labour-Partei nicht möglich gewesen.
Diese Kämpfe, Proteste und Aktionen erweckten den
linken Flügel zu neuem Leben. Während zahlreiche
Studierende sich entmutigt und besiegt fühlten, als
Mitglieder des Unterhauses für die Verdreifachung
der Studiengebühren stimmten, konnten dank ihres
Kampfes die Grundlagen für eine Führungsspitze der
Labour-Partei gelegt werden, die dann die Studiengebühren abschaffen sollte. Als die Labour-Partei
den Tories (Vertretern der konservativen Politik) bei
den vorgezogenen Unterhauswahlen im Juni 2017 ihre
Mehrheit entzog, wurde der linke Flügel als politi-
sche Kraft bestätigt. Dies lag am Engagement, am
Einsatz und an der Belastbarkeit der Aktivisten und
Campaigner.

Der Kampf gegen Ungerechtigkeit – und um Emanzipation – ist langwierig, schwer, mühsam und voller Niederlagen und Rückschläge. Doch alle Rechte und Freiheiten, die wir heute genießen, wurden mithilfe von Kampagnen, Aktivismus und Kämpfen errungen: LGBT-Rechte, Frauenrechte, Arbeiterrechte, Rechte gegen rassistische Diskriminierung. Eine gerechtere Ordnung hängt von jeder einzelnen Schlacht ab: angefangen vom Streik für höhere Löhne über den Protest gegen die Schließung einer örtlichen Bibliothek bis hin zu einer landesweiten Demonstration gegen die Regierung. Die Macht der kollektiven Stärke ist unbestreitbar, wenn es darum geht, nachhaltige Veränderungen zu erzielen. Und das sollte all diejenigen von uns ermutigen, die eine gerechtere Welt wollen. Auch sollte es die Interessengruppen in Angst versetzen, die viel zu verlieren haben, wenn sich eine Gesellschaft nicht länger zu ihren Gunsten manipulieren lässt.

Jetzt liegt es an dir …

# EINLEITUNG

—

Als Kinder wollen wir große Anführer sein – uns auf Reisen begeben, unbekanntes Terrain erforschen und uns mit geballter Energie und grenzenlosen Träumen kopfüber in die Welt stürzen, die vor uns liegt. Es scheint so, als läge eine klare Vision von der Zukunft in unseren kleinen Händen.

Es dauert allerdings nicht lange, bis wir von allen Seiten mit der Realität konfrontiert werden – verschlossene Türen und skeptische Blicke, wohin wir auch sehen. Uns wird gesagt, dass es keinen Sinn hätte zu versuchen, die Welt zu verbessern; und dass wir eines Tages, wenn wir erwachsen sind, fügsam und müde sein werden, mehr vom Leben zu wollen. „So ist das Leben", wird uns gesagt.

Doch die erste Lektion, die jeder Aktivist lernen muss, ist, dass es nicht so sein muss. Als Rosa Parks sich weigerte, sich im Bus in die hinterste Reihe zu setzen, als die drei Pankhurst-Frauen den Frauenrechtlerinnen ihre Hungerstreiks vormachten, als sich die Anführer des Stonewall-Aufstandes weigerten, sich für ihre Homosexualität zu entschuldigen – blickten sie sich um und sahen Chancen für sich.

Dieses Buch richtet sich an alle, die auch in Zukunft um sich herum Chancen sehen und möchte ihnen Hilfsmittel mit auf den Weg geben, um in die Fußstapfen dieser Pioniere zu treten.

Heute sehen wir uns mit einer Welt konfrontiert, die zunehmend zersplittert und feindselig anmutet. Unsere Zukunft scheint ungewisser als jemals zuvor.

Die Herausforderungen, vor denen wir stehen, sind weitreichend und scheinen bisweilen unüberwindbar zu sein: Klimawandel, zunehmender Fanatismus, internationale Konflikte und die immer größer werdende Kluft zwischen den Reichen und Armen sind nur die Spitze des Eisberges.

Das soll nicht heißen, dass wir uns mit einer Zukunft voller Hass und Zerstörung abfinden. Sondern genau das Gegenteil. Jetzt ist die Zeit sich zu wehren. Wir leben im Zeitalter des Widerstandes. Auf lokaler wie auf internationaler Ebene entsteht ein kollektives Bewusstsein. Es liegt ganz an dir, daran mitzuwirken.

Manche betrachten die Welt um sich herum und fühlen sich dazu ermutigt, aktiv zu werden, während andere an den Rand gedrängt und mit dem Gefühl zurückgelassen werden, dass sie wenig Handlungsmöglichkeiten haben. Es spielt keine Rolle, wie man sein Ziel erreicht – wichtig ist, dass man Farbe bekennt. Wir haben keine andere Wahl.

Veränderungen geschehen, wenn gewöhnliche Menschen außergewöhnliche Dinge tun. Es gibt keine „Gesellschaft für Aktivisten", kein Zertifikat, das einen dazu berechtigt, für eine Sache zu kämpfen. Stattdessen findest du auf den folgenden Seiten alles, was du wissen musst: wie du eine Petition abfasst, einen Protest erhebst, deine Botschaft überbringst und wie diese auch gehört wird ... dieses Buch wird dein Wegweiser sein. Es wird dir zeigen, wie du die Macht des Internets für dich nutzt, erfolgreiche Versammlungen abhältst und eine Bewegung aufbaust, die sich verselbstständigen kann.

Egal, ob du mit Stolz in der hintersten Reihe einer großen Demonstration stehst oder der eine in der vordersten Reihe bist, der das Megafon in der Hand hält ... die Tipps, Tricks und Geschichten auf den nachfolgenden Seiten sollten dir reichlich Inspiration bieten, um dich auf deiner Reise zu leiten.

Es spielt keine Rolle, ob du ein erfahrener Aktivist bist oder gerade erst damit begonnen hast. Ein erster Schritt allein führt kaum zum Erfolg; wenn du aber gleichzeitig eine Reihe von Taktiken anwendest, hast du die besten Siegeschancen. Veränderungen erfordern sowohl Zeit als auch Ausdauer: Die Fundamente einer neuen Welt entstehen tagtäglich.

Und noch ein wichtiger Hinweis zum Schluss: Dieses Buch soll dich nicht dazu ermutigen, das Gesetz zu brechen. Die Demokratie hat allerdings eine lange und vornehme Tradition friedlichen Ungehorsams – und manchmal kann das Protestieren wegen einer Sache, die richtig ist, dazu führen, dass das Gesetz verletzt wird. Solltest du auf Grauzonen stoßen, denke immer daran: Stoße niemals Drohungen aus oder wende Gewalt an!

# GIB NICHT AUF. VERSUCHE ES WEITER.

# ES STEHT ZU VIEL AUF DEM SPIEL.

# TRITT TÜREN EIN

## Der Umgang mit Menschen in Machtpositionen

# EINLEITUNG

—

Man findet leicht Gründe dafür, wütend zu sein, vor allem, wenn überall Ungerechtigkeit herrscht, wohin man auch sieht. Für etwas zu brennen und sich gefechtsbereit zu fühlen, ist die Grundvoraussetzung, um die Welt zu verbessern; und der erste Schritt auf deiner Reise als Aktivist ist herauszufinden, wer die Macht dazu besitzt, diese Veränderungen auch in die Tat umsetzen zu können.

Macht liegt nicht nur in den Händen eines Büros, einer Wahlurne oder eines Sitzungssaals: Nicht nur Führungspersönlichkeiten auf höchster Regierungsebene sind dazu berechtigt, zuzuhören und Maßnahmen zu ergreifen. Auch werden Veränderungen selten nur von einer einzigen Person bewirkt. Stattdessen werden wir immer von unseren Mitmenschen beeinflusst, die unser Handeln prägen, während sie ihren Kurs verfolgen. Mal wird dein Fokus auf lokaler Ebene liegen; mal möchtest du aber vielleicht auch der ganzen Welt von deinen Plänen für eine bessere Zukunft berichten.

BEKÄMPFE DIE
MACHT?
LOKALISIERE DIE
MACHT!

# Wer besitzt die Macht für Veränderungen?

Zunächst einmal musst du dich mit dem Thema, das du für wichtig erachtest, intensiv auseinandersetzen. Recherchiere alles, was du darüber finden kannst. Durchkämme das Internet, lies in Geschichtsbüchern nach, und scheue dich nicht davor, Aktivisten um Rat zu fragen, die du im Internet findest. Manchmal findet man schnell heraus, welche Köpfe eine andere Denkweise benötigen, aber manchmal entsteht auch schnell ein komplexes Netz.

Sei es die Schließung einer örtlichen Bibliothek, die dich wütend macht, ein Supermarkt, der ethisch nicht vertretbare Produkte verkauft, oder die Regierung, die dein Land in den Krieg führt ... aufzuzeichnen, wer welche Macht besitzt, wird für dein Anliegen von unschätzbarem Wert sein.

Eine erfolgreiche Aktion zu starten, ist eine beachtliche Leistung. Wenn du allerdings nicht herausgefunden hast, wer die Macht besitzt, um Veränderungen herbeizuführen, könnte es gut sein, dass du deine Mühe in die falsche Richtung lenkst.

Nehmen wir einmal an, du möchtest die Mietkosten deines Studierendenwohnheims senken. Sprichst du dann mit einem Vertreter der Studierenden, deinem Dozenten, dem Reinigungspersonal, der Studierendenvereinigung oder der Firma, die für die Gebäudeverwaltung zuständig ist?

Mithilfe eines Machtdiagramms kannst du herausfinden, wer deine Zielgruppen sind. Es geht nicht nur darum auszusortieren, wer am Tisch sitzt, sondern von wem sie beeinflusst werden und was ihnen am Herzen liegen könnte. Mithilfe dieses Diagramms können Machtdynamiken auseinandergenommen werden – wodurch sich die verschiedenen Interessenvertreter sowie die verschiedenen Machtebenen mitsamt ihren Überschneidungen ermitteln lassen. Auf jedem Machtdiagramm sind sowohl die Haupt- als auch die Nebenzielgruppen dargestellt: die Personen, die das letzte Wort haben, und diejenigen, die unter Druck gesetzt werden können.

# In 10 einfachen Schritten zum Machtdiagramm

**1 |** Stelle als Erstes das Problem fest, von dem du glaubst, dass es behoben werden muss, und verschaffe dir ein umfassendes Verständnis für die Mächte, die ein persönliches Interesse daran haben.

**2 |** Als Nächstes geht es ans sorgfältige Recherchieren. Mache die Hauptinteressenvertreter ausfindig. Stelle dir folgende Fragen:

· Wer ist für die Verursachung des Problems verantwortlich?
· Wer ist dazu befugt, das Problem zu beheben?
· Wer hat eine persönliche Beziehung zu diesem Thema?
· Wer wohnt vor Ort und ist davon betroffen?
· Welche Firmen und Organisationen sind bereits involviert?
· Wer könnte dich unterstützen und ist noch nicht involviert?
· Wer arbeitet bereits daran und versucht, das Problem zu beheben? (Vergiss nicht auf dieser Liste deine eigene Gruppe mit aufzuführen.)

**3 |** Innerhalb dieser Institutionen und Organisationen, die du ausfindig gemacht hast, gibt es bestimmte Machtpersonen – Menschen, die Veränderungen herbeiführen können. Stelle eine Liste mit diesen Namen auf.

**4 |** Nimm deine Liste zur Hand und stelle dir zwei Fragen: Sind diese Personen in der Angelegenheit mit dir einer Meinung oder nicht, und wie viel Macht besitzen sie tatsächlich?

**5 |** Zeichne das auf der folgenden Seite abgebildete Diagramm auf ein großes Blatt Papier. Halte die Namen auf Post-its fest und klebe sie dann auf das Diagramm.

**6 |** Jetzt ist es an der Zeit, deine Hauptzielgruppe näher zu betrach-
ten – die Personen, die deiner Ansicht nach den größten Einfluss
haben und die dir am ehesten das geben, was du willst. In einer
Ideal-welt wäre deine perfekte Zielgruppe die der mächtigsten und
verständnisvollsten Personen; in Wirklichkeit gehen diese beiden Be-
griffe jedoch selten Hand in Hand. Wenn es keinen klaren Sieger gibt
oder du mehr Personen aufnehmen kannst, versuche als Nächstes
diese auszusondern. Entferne die Post-its mit deiner (deinen) aus-
gewählten Zielgruppe(n) und gehe dann zum nächsten Schritt über.

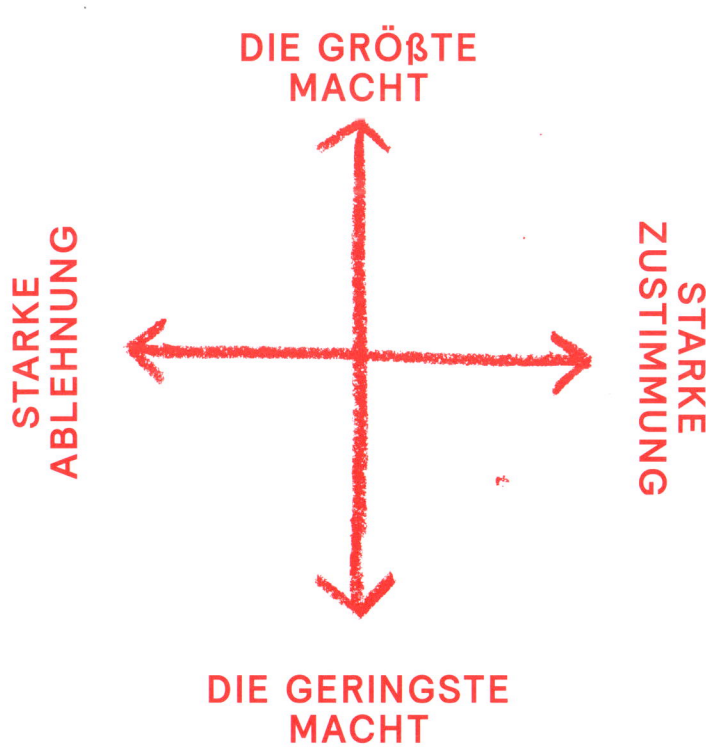

DIE GRÖßTE
MACHT

STARKE
ABLEHNUNG

STARKE
ZUSTIMMUNG

DIE GERINGSTE
MACHT

**7 |** Jetzt erstellst du dein Machtdiagramm. Klebe auf ein anderes großes Blatt Papier deine ausgewählten Post-its mit den Namen der verschiedenen Personen und Organisationen, die involviert sind. Zeichne anschließend die Machtbeziehungen im Diagramm ein, die deine Hauptzielgruppe(n) miteinander verbinden. Verbinde dabei deine Hauptzielgruppe anhand von Pfeilen mit anderen Interessenvertretern, die du zuvor ausfindig gemacht hast, und füge gegebenenfalls noch weitere Namen hinzu. Es hört sich vielleicht kompliziert an, aber wenn du das Ganze zu Papier bringst, ist es einfacher als du denkst. Lege anhand von Pfeilen die Verknüpfungen fest – und vergiss nicht, deine eigene Gruppe sowie jegliche mögliche Beziehungen, die du aufbauen kannst, mit einzufügen.

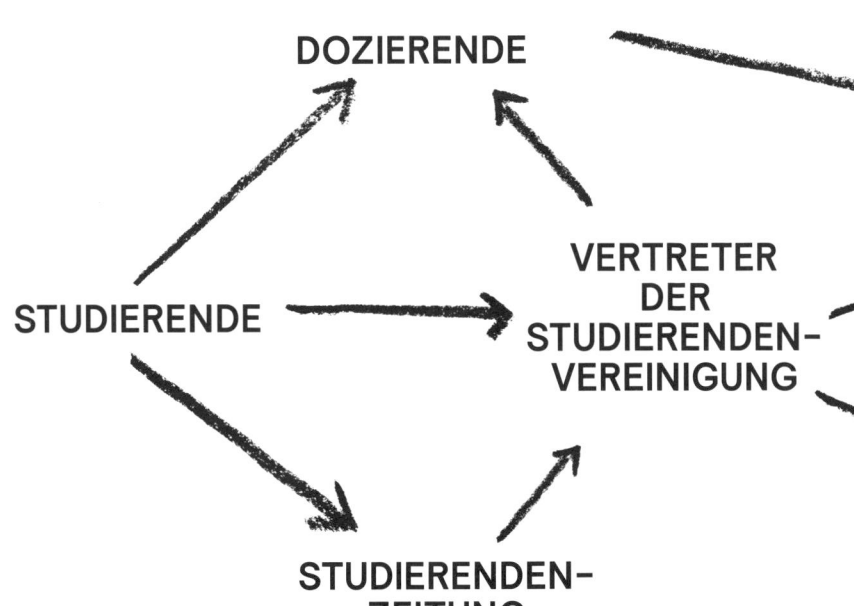

**8 |** Wiederhole nun diesen Schritt mit den Nebenzielgruppen, indem du deren Namen auf dem Machtdiagramm einkreist. Es kann manchmal sein, dass du deine Hauptzielgruppe – oder sogar diejenigen, von denen sie beeinflusst werden – nicht auf direktem Wege erreichst. Deshalb gilt: Je größer dein Netzwerk von möglichen Zugangspunkten ist, desto besser.

**9 |** Dein vollständiges Machtdiagramm zeigt nun einen logischen Plan, wie du deine Zielgruppe erreichst. Du solltest jetzt feststellen können, wer dir das geben kann, was du willst, und nicht nur die Personen ermitteln, die am einfachsten zu erreichen sind.

**10 |** Wiederhole all diese Schritte, wenn sich deine Aktion in der Entwicklungsphase befindet. Während du dich intensiv mit dem Thema auseinandersetzt, könnten durchaus neue Namen, Gesichter und Zusammenhänge in den Vordergrund treten.

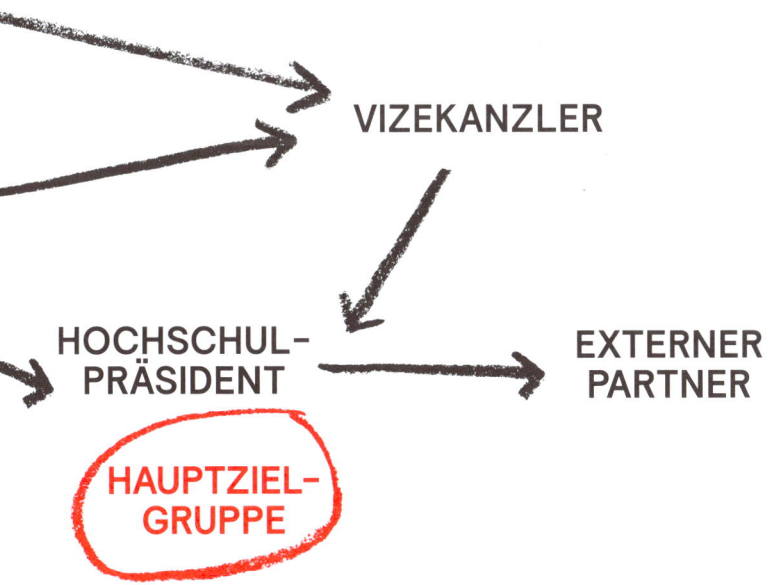

VIZEKANZLER

HOCHSCHUL-
PRÄSIDENT

EXTERNER
PARTNER

HAUPTZIEL-
GRUPPE

# Im Gespräch mit Politikern

Demonstrationen und Aktivismus sind das A und O jeder Demokratie, aber Politiker auf jeder Ebene können entscheidend sein, wenn es darum geht, eine Sache weiter zu unterstützen. Deine Stadt- oder Gemeinderäte sollten diejenigen sein, an die du dich für Aktionen in deiner Gemeinde wendest. Sie sind dazu befugt, auf lokaler Ebene Veränderungen herbeizuführen, und können dir dabei helfen, deine Ideen zu vertreten.

Normalerweise wählen wir alle vier Jahre unsere Bundestagsabgeordneten. Man sollte sich jedoch keineswegs nur alle vier Jahre mit den Abgeordneten intensiv auseinandersetzen. Abgeordnete sind dazu verpflichtet, sich ihren Wählern zuzuwenden, und sie können auf vielfälltige Weise nützlich sein. Ein Abgeordneter hält in seinem Wahlkreis Sprechstunden ab. Diese Sprechstunden bieten dir die Gelegenheit, beliebige Themen aufzubringen. Vereinbare vorab per E-Mail oder Telefon einen Termin, um sicherzugehen, dass deine Stimme auch Gehör findet.

Du könntest deinen Abgeordneten darum bitten, Druck auf seine Partei auszuüben, damit sie sich hinter deine Aktion stellt. Oder wenn du einen anderen Abgeordneten kennst, der sich für dein Thema interessiert, setze dich mit diesem in Verbindung. Abgeordnete können auch den zuständigen Minister anschreiben oder das Thema während der Fragestunde des Parlaments ansprechen, die in der Regel an jedem Mittwoch einer Sitzungswoche stattfindet.

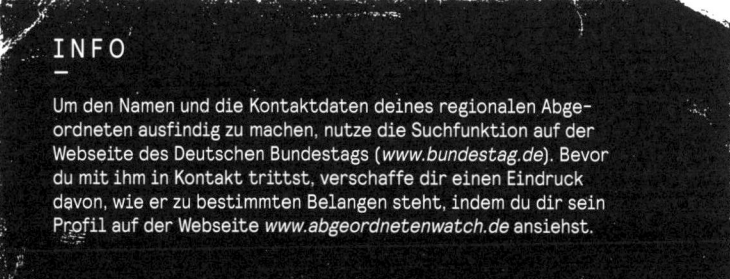

## INFO
—
Um den Namen und die Kontaktdaten deines regionalen Abgeordneten ausfindig zu machen, nutze die Suchfunktion auf der Webseite des Deutschen Bundestags (*www.bundestag.de*). Bevor du mit ihm in Kontakt trittst, verschaffe dir einen Eindruck davon, wie er zu bestimmten Belangen steht, indem du dir sein Profil auf der Webseite *www.abgeordnetenwatch.de* ansiehst.

# Frage dich: Warum sollte es sie kümmern?

Während Politiker und gewählte Volksvertreter ihre eigenen Überzeugungen vertreten, wie auch Parteilinien zu befolgen haben und gerne wiedergewählt werden möchten, könnte Privatunternehmen mehr an ihrem Jahresergebnis liegen. Wenn du unterschiedliche Zielgruppen überzeugen willst, bringe deine Argumente so vor, dass du mit ihnen auf Augenhöhe sprichst – ohne jedoch dabei deinen eigenen Standpunkt abzuschwächen.

Eine Supermarktkette, die am Ende des Tages Lebensmittel wegwirft, könnte unmoralisch sein. Doch wenn du willst, dass sie die Reste einer der Tafeln spendet, könnte es ihrem Ruf schaden, wenn sie dies verweigert.

Im Internet findest du am schnellsten die wichtigen Entscheidungsträger von Privatunternehmen und Organisationen. Es lohnt sich zwar immer, wenn du den Geschäftsführer bzw. den Leiter der Organisation direkt anschreibst, aber manchmal muss man beharrlich bleiben, um sicherzugehen, dass sie dich und dein Anliegen auch tatsächlich wahrnehmen. Oft kann es sich schon auszahlen, wenn man direkt vorbeischaut und um ein Gespräch bittet.

# Stelle deine Fakten klar.

Wenn du deine Fakten mit Forschungsergebnissen und Statistiken untermauerst, kannst du deine Argumente gegenüber der Öffentlichkeit und den Entscheidungsträgern besser vorbringen. Manche Machtpersonen reagieren extrem, wenn sie emotional angesprochen werden. Andere hingegen befassen sich einzig und allein mit den knallharten Fakten. Es kann nicht schaden, sowohl an den Kopf als auch ans Herz zu appellieren.

Prüfe jede Information, über die du im Internet stolperst, immer nach und verweise darauf. Es gibt nichts Schlimmeres, als wenn man in einem Gespräch ins Stocken gerät oder die Integrität der Aktion untergraben wird. Und vergiss nicht: Einfache Botschaften und das richtige „Storytelling" sind wichtiger als Statistiken. Scheue dich nicht davor, auch aus eigener Erfahrung zu sprechen.

# Nichts geht über eine gute, altmodische Petition.

Früher war das Sammeln von Unterschriften für Petitionen zeitaufwändig und mühselig. Doch mittlerweile – dem Internet sei Dank – hat sich der Ablauf revolutioniert. Mithilfe von Petitionen können Menschen Unterstützung demonstrieren und ihre Unterschrift unter eine Sache setzen, ohne zu viel Einsatz zeigen zu müssen. Zudem können sie auch den Anstoß dazu geben, die Aufmerksamkeit von Machtpersonen zu erregen.

Auf der Internetseite des Deutschen Bundestages können Bürgerinnen und Bürger seit September 2005 Petitionen auch online einreichen, unterzeichnen und diskutieren. Zuständig für die Bearbeitung ist der Petitionsausschuss des Deutschen Bundestages (*www.bundestag.de/petition* oder auch *www.epetitionen.bundestag.de*) Grundsätzlich kann man hier Petitionen *ohne* Veröffentlichung einreichen, allgemeine, aber auch persönliche Petitionen, oder Petitionen *zur* Veröffentlichung. Letztere dürfen keine persönlichen Bezüge haben, darüber hinaus müssen sie knapp und verständlich formuliert sein. Wenn der Petent innerhalb von vier Wochen 50.000 Unterstützer gewinnen kann, wird seine Petition vor dem Anhörungsausschuss verhandelt.

Auch die jeweiligen Landtage und das Europaparlament (*www.eu-info.de/europa-punkt/ rechtsschutz/beschwerde-europaeisches-parlament/*) haben einen Petitionsausschuss. Weitere Informationen über Online-Petitionen erhält man auch auf den Webseiten *www.openpetition.de* und *www.change.org*. Sie sind Plattformen für Bürgerinitiativen und Kampagnen, auf denen man Unterstützer sammeln und Petitionen diskutieren kann.

Nichts geht über den persönlichen Kontakt, um Menschen für sich zu gewinnen. Wenn man sich also für ein regionales Problem stark macht, lohnt es sich durchaus, mit Stift und Papier auf die Straße zu gehen. Achte darauf, dass deine Petition die richtige Körperschaft, das richtige Unternehmen oder den richtigen Entscheidungsträger anspricht. Deine Forderungen müssen stets klar verständlich sein. Gib immer Informationen zum Kontext, damit die Menschen das Thema besser verstehen, und informiere sie darüber, wie ihre Daten genutzt werden.

Hast du deine Zielgruppe erreicht, kannst du mit Einreichungen von Petitionen immer sehr erfolgreich auch mediale Aufmerksamkeit rund um deine Aktion erregen (siehe Kapitel 3).

Aber: Petitionen allein werden keine Veränderungen bewirken. Was du aus ihnen machst, das zählt.

UND DENKE IMMER DARAN …

# LASS DICH VON MACHT

# NICHT
# EINSCHÜ

Unsere Gesellschaft verbessern zu wollen ist nicht einfach. Manchmal
fühlt es sich vielleicht so an, als würden Türen zugeschlagen und Wege
in alle Richtungen blockiert sein. Doch bleibe beharrlich. Ansichten,
Gesetze und Lebensweisen ändern sich nur, wenn wir uns nicht mund-
tod machen lassen.

# DIE ABTREIBUNGS-AKTIVISTINNEN, DIE AUF HÖCHSTER EBENE DIE ANSCHAUUNGEN VERÄNDERTEN

**Im Juni 2017 kündigte die britische Regierung eine Kehrtwende bei der Abtreibungspolitik an. Bisher mussten Frauen aus Nordirland für eine Abtreibung nach England kommen – und die Kosten selbst tragen –, denn zuhause stand der Schwangerschaftsabbruch noch immer unter Strafe. Doch dieser Wandel geschah nicht über Nacht. Ausgelöst wurde er von einer Gruppe von Aktivistinnen, die eng mit Abgeordneten zusammenarbeiteten und ihren Zorn und ihr Wissen dafür nutzten, um die Personen in Machtpositionen gezielt anzusprechen.**

Sarah Fox kam im November 2016 wenig erwartungsvoll zum Auftakttreffen der *London-Irish Abortion Rights Campaign*. „Ich suchte nach einer Möglichkeit, wie ich den Kampf um die reproduktiven Rechte in [Nordirland] unterstützen konnte", erinnert sie sich zwölf Monate später. „Doch mir war zuvor nie klar gewesen, wie ich das hätte tun können."

Das Abtreibungsgesetz von 1967 stellte Schwangerschaftsabbrüche in Teilen des Vereinigten Königreiches teilweise außer Strafe. Allerdings wurde die Gesetzesänderung nie auf Nordirland ausgeweitet. „Derzeit fallen die Gesetze rund um das Thema Abtreibung in Nordirland unter eine Rechtsvorschrift aus dem Jahr 1861", erklärt Sarah. „Bei einer Verurteilung droht eine lebenslange Haftstrafe. Das ist absurd."

Verärgert und frustriert über diese veralteten Gesetze gesellte sich Sarah an jenem Abend in London zu hundert anderen Personen in einem Saal. Nach ein paar einführenden Worten teilte sich die Menge in Gruppen auf, und Sarah schloss sich denjenigen an, deren Aufgabe es war, auf Machtpersonen Einfluss zu nehmen, um eine Änderung dieser drakonischen Gesetze zu bewirken. „Wir diskutierten über Ideen und Strategien und bemühten uns dabei herauszufinden, was wir – als Iren in London – tun konnten und auf wen wir hierorts Einfluss nehmen sollten, während wir auch in Nordirland Aktivistengruppen unterstützen wollten."

Die Gruppe legte ihr Ziel ziemlich schnell fest. Sie wollte für kostenlose, sichere und legale Abtreibungen in ganz Irland sorgen – was das allerdings bezüglich Nordirland in der Praxis bedeuten könnte, war bei weitem nicht klar. „Viele Menschen auf dem britischen Festland sind auch nicht der Ansicht, dass die derzeit geltenden Abtreibungsgesetze ihren Zweck erfüllen. Deshalb war es schwer, unsere Forderungen auszuarbeiten." Einfach um eine Ausweitung des britischen Gesetzes auf Nordirland zu bitten, war keine Ideallösung. Alle Anwesenden waren sich jedoch einig, dass Gleichheit ein Sprungbrett ist; jeder Frau muss im gesamten Vereinigten Königreich der Zugang zur Abtreibung ermöglicht werden. Der ursprünglichen Form des Gesetzes zufolge mussten die Nordirinnen in England für eine Abtreibung bezahlen, wohingegen die Abtreibung für Staatsbürgerinnen anderer Länder kostenlos war.

Schnell wurde ein Schriftstück aufgesetzt, auf dem jeder Abgeordnete aufgelistet war. Anschließend nahmen die Aktivistinnen jeden Abgeordneten genauer unter die Lupe: Sie warfen dabei einen Blick auf deren Abstimmungsverhalten bei ähnlichen Themen in der Vergangenheit. Des Weiteren suchten sie nach Stellungnahmen, die in den Medien abgegeben wurden, als Hinweis darauf, wo ihre gewählten Vertreter stehen könnten. „Anschließend prüften wir, wer in unserer Gruppe in den Wahlbezirken von Abgeordneten wohnte, die einen mehr unterstützen, und mussten dabei herausfinden, wie wir sie und andere ins Boot holen konnten."

Im Laufe der darauffolgenden Monate startete die Kampagne. Es wurden – neben Protesten und Medienkampagnen – Briefe geschrieben und Versammlungen mit Abgeordneten abgehalten. Sarahs ortsansässige Abgeordnete (Stella Creasy von der Labour-Partei) machte es sich zur Aufgabe, die Ziele der Bewegung zu unterstützen, und so stellte sie sich mit ihrem Einfluss hinter die Kampagne, und machte die Aktivistinnnen mit Berufslobbyisten bekannt, damit sie diese um Rat fragen konnten. Mittlerweile musste die Konservative Partei, nachdem sie bei den Unterhauswahlen im Juni 2017 nicht die Mehrheit errungen hatte, mit der Demokratischen Unionistischen Partei eine Abmachung treffen. Diese Partei ist außerhalb Nordirlands wenig bekannt und, so erklärt Sarah, hat die Anti-Abtreibungspolitik lange Zeit unterstützt.

„Auf einmal wurde in den britischen Mainstream-Medien über die Politik Nordirlands berichtet, und in unserer Vorbereitung nutzten wir dies als Beispiel, um darauf aufmerksam zu machen, dass Abtreibungen in Nordirland noch immer illegal waren. Dass täglich durchschnittlich zwei Frauen zum Festland fahren und für einen Eingriff zahlen müssen, den der Rest von uns als selbstverständlich ansieht." Dieser perfekte Sturm war erfolgreich. Im Juni 2017 reichte Stella Creasy einen Änderungsantrag ein. Dadurch sollte es Nordirinnen ermöglicht werden, Abtreibungen im Vereinigten Königreich kostenlos vornehmen zu lassen. Dank der engagierten Aufklärungsarbeit von Sarah und ihren Mitaktivistinnen werden neben Creasy alle Abgeordneten aller Voraussicht nach dafür stimmen, was die Regierung vor einer peinlichen Niederlage stehen lässt.

Um die Abstimmunng zu verlieren, wurde den Abgeordneten versichert, dass der Änderungsantrag nicht mehr erforderlich sei, da die Regierung ihre Haltung geändert hätte. Das Gesetz würde geändert werden, damit Nordirinnen in England eine Abtreibung kostenlos vornehmen lassen könnten.

„Es war viel Learning by Doing notwendig", erinnert sich Sarah. „Keiner von uns hatte wirklich Erfahrung damit." Sarah und ihre Mitaktivistinnen wussten jedoch von Anfang an, dass sie zahlreiche Taktiken anwenden müssten, wenn sie die Politiker davon überzeugen wollten, Maßnahmen zu ergreifen. „Natürlich stützten wir uns auf eine Kombination aus Statistiken, Fakten und Zahlen, um unsere Argumente zu begründen", erinnert sie sich, „aber persönliche Geschichten waren ebenso von grundlegender Bedeutung, um die Politiker für sich zu gewinnen. Die Folgen konnten wir an realen Personen zeigen."

„Eine Sache haben wir auf jeden Fall gelernt, und zwar, dass alle Schritte zusammen betrachtet werden müssen. Wir leisteten viel Aufklärungsarbeit, stimmten allerdings auch Anträgen von Gewerkschaften und örtlichen Unterbezirken politischer Parteien zu. Wir marschierten bei der St. Patrick's Day Parade mit und nutzten die sozialen Medien, um das öffentliche Bewusstsein zu schärfen. Aus unserer Erfahrung können wir sagen, dass dies der beste Weg ist, an dieses Thema heranzugehen. Und dadurch wird jede Gemeinde und jede Branche, in der man tätig ist, zum Umdenken gezwungen."

# ORGANI-SIERT EUCH

Kommt zusammen, bleibt zusammen und bildet eine treibende Kraft für Veränderungen

# EINLEITUNG
—

Beim Aktivismus geht es nicht nur um
Pressefotos und Protestschilder. In
Wahrheit ist es Knochenarbeit. Bei jeder
Kampagne, die du auf die Beine stellst,
bei jeder Veränderung, die du bewirkst,
gibt es eine Fülle von Planungssitzungen,
Debatten und Diskussionen, Momente
der Reflexion, Jubel und Niederlagen.
Den Grundstein für eine Bewegung zu
legen, ist ein hartes Stück Arbeit. Doch
schon bald wirst du eine Community
finden, die dich und deine Sache lang-
fristig unterstützt.

# Zeit, sich zu versammeln

Meetings sind eine hervorragende Möglichkeit, um dein Aktivistennetzwerk aufzubauen, um diejenigen zusammenzubringen, die du bereits für dich gewonnen hast, und um neue Menschen ins Boot zu holen. Stehst du noch am Anfang, dann deklariere deine Versammlung als „Offenes Treffen" und ermutige jeden, der sich engagieren möchte, daran teilzunehmen.

Mit Entwicklung deiner Kampagne möchtest du sicherlich auch geschlossene Versammlungen abhalten, zu denen nur Menschen eingeladen sind, die du kennst und denen du vertraust. Doch wenn du weiterhin auch regelmäßig offene Treffen veranstaltest, kannst du dein Netzwerk weiter ausbauen.

Suche nach einem Versammlungsort, der für jeden erreichbar ist. Entscheidest du dich zum Beispiel für eine Kneipe, könnte das Jugendliche oder Nichttrinker davon abhalten hinzugehen. Achte auch darauf, dass es einen behindertengerechten Zugang gibt und der Standort nach Möglichkeit an den öffentlichen Nahverkehr angebunden ist.

Wenn du sichergehen möchtest, dass Versammlungen demokratisch und doch erfolgreich ablaufen, gib vorab eine Agenda frei und bitte die Menschen darum, Vorschläge zu machen. **Steht die Tagesordnung fest, halte dich auch daran. Achte darauf, dass du deinen Zeitplan einhältst.**

Wenn man jemanden ernennt, der die Versammlungen leitet, sorgt das für einen reibungslosen Ablauf – die Person kümmert sich darum, dass alle Tagesordnungspunkte abgearbeitet werden und achtet darauf, dass jeder zu Wort kommt. Wechsle jedoch auch in regelmäßigen Abständen den Versammlungsleiter und achte darauf, dass die Position abwechslungsreich bleibt.

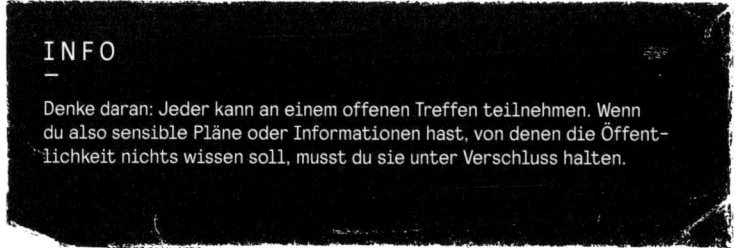

**INFO**
–

Denke daran: Jeder kann an einem offenen Treffen teilnehmen. Wenn du also sensible Pläne oder Informationen hast, von denen die Öffentlichkeit nichts wissen soll, musst du sie unter Verschluss halten.

MEETINGS
MEETINGS
MEETINGS

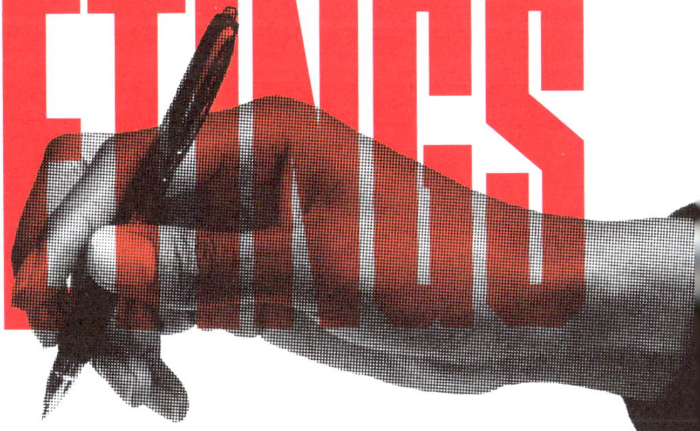

DIE GEBOTE & VERBOTE

BEI DER LEITUNG EINER
VERSAMMLUNG

Sei rechtzeitig da. Nimm dir Zeit,
um dich vorzubereiten.

Beginne mit einer Vorstellungsrunde:
Bitte jeden, sich kurz vorzustellen.

Gehe die Tagesordnung durch
und achte darauf, sie auch einzuhalten.

Musst du eingreifen, dann bitte kurz und
schmerzlos – missbrauche deine Position nicht.

Leite keine Versammlung, wenn du weißt,
dass du viel zu sagen hast.

Begegne allen Meinungen mit Höflichkeit
und Respekt (im angemessenen Rahmen).

Schweift jemand vom Thema ab,
fahre zügig fort.

Behalte die Zeit im Auge.

Jeder hat einen Anspruch darauf, dass ihm
Gehör verschafft wird. Achte deshalb darauf,
verschiedene Personen anzusprechen.

Sollten die Teilnehmenden unruhig werden,
bitte um eine Pause.

Achte darauf, dass jemand Protokoll führt.

# Handzeichen

Die von der Occupy-Bewegung im Jahr 2011 in New York entwickelten
Handzeichen sind bei Versammlungen hervorragend geeignet, um die
Zugänglichkeit zu verbessern und gleichzeitig für einen reibungslosen
Ablauf des Entscheidungsprozesses zu sorgen. Mithilfe dieser Handzeichen kann jeder dem Vorsitzenden seine Wünsche und Meinungen
mitteilen, ohne dass eine Diskussion in einen verbalen Schlagabtausch
umschlägt.

### DIREKT ANTWORTEN

Strecke einen Finger aus,
wenn du jemandem direkt
antworten möchtest

### BITTE UM GEHÖR

Strecke eine Hand nach oben,
wenn du ein neues Argument
vortragen möchtest

### ABLEHNEN

Bei Konsensentscheidungen
bedeutet dieses Zeichen, dass man
einen Vorschlag ablehnt

## ANMERKUNG ZU EINEM TAGESORDNUNGS- PUNKT

Mit diesem Zeichen machst du deutlich,
dass dringend ein logistisches Problem
angesprochen werden muss

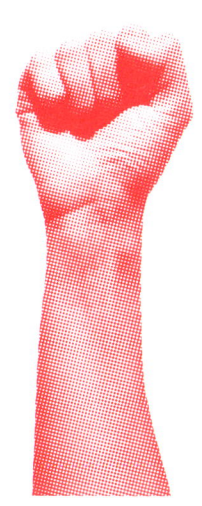

## EINWENDEN

Strecke eine Faust nach oben,
wenn du ernsthaften
Einspruch erheben möchtest

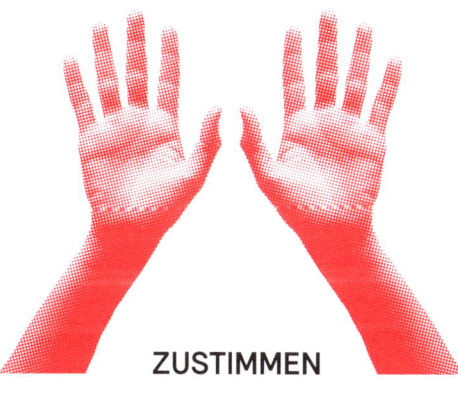

## ZUSTIMMEN

Winke mit deinen Händen,
um das Gesagte zu befürworten

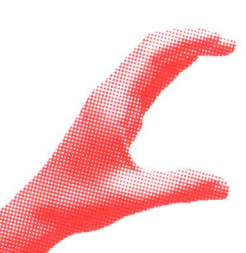

## KLÄREN

Forme deine Hand zu diesem
Zeichen, wenn du etwas nicht
verstanden hast

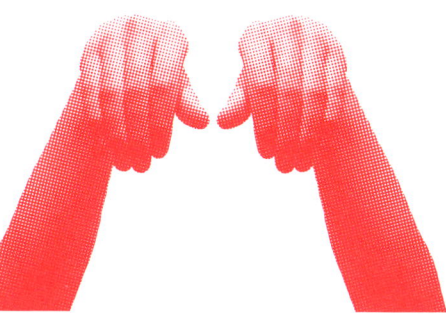

## WIDERSPRECHEN

Klappe deine Hände nach unten,
wenn du einem Sprecher nicht
zustimmst

# AKTIVISTEN-WÖRTERBUCH

## SICHERE(RE) ORTE

Überlege, eine Richtlinie für einen sicheren Ort (oder sichereren Ort) aufzusetzen, um deine Versammlungen und deine Bewegung zu untermauern. Erarbeite in der Gruppe eine Richtlinie, die erläutert, welches Verhalten akzeptabel ist, und sorge dafür, dass Neulinge darauf hingewiesen werden. Dies wird bei der Inklusivität helfen und die Gefahr von Vorurteilen und Gewalt verringern.

## INTERSEKTIONALITÄT

Rassismus, Sexismus, Homophobie und andere Formen von Diskriminierung wirken sich auf Menschen mit unterschiedlichen Identitäten auf unterschiedliche Art und Weise aus. Die meisten Formen von Unterdrückung stehen jedoch miteinander in Zusammenhang. Das ist die Grundlage von Intersektionalität. Wenn du diesen Punkt bei deiner Tätigkeit als Aktivist berücksichtigst, wird das dazu beitragen, dass sich jeder mit einbezogen fühlt und deine Aktion allen Platz bietet.

## ARBEITSGRUPPEN

Wenn du Arbeitsgruppen bildest, die bestimmte Aufgaben übernehmen, kannst du die Last verteilen und die Menschen dabei auch noch dazu ermuntern, ihr eigenes Fachwissen mit einzubringen und dieses weiter auszubauen. Diese Gruppen können sich getrennt von den Hauptveranstaltungen einer Kampagne treffen, bevor sie ein Feedback geben und Ratschläge einholen. Für neue Aktivisten sind sie eine hervorragende Möglichkeit, um zu verstehen, wie viel Arbeit hinter dem Ganzen steckt.

## KONSENSENTSCHEIDUNG

Nicht jeder ist mit allem einverstanden. Doch einen kreativen und dynamischen Weg zu finden, um unter allen Mitgliedern einer Gruppe eine Einigung zu erzielen, hat oberste Priorität. Statt des Mehrheitsprinzips geht es beim Konsens darum, Lösungen zu finden, die jeder tatkräftig unterstützt oder mit denen zumindest jeder leben kann.

# Verteile die Aufgaben

Wenn du bei einer Versammlung Aufgaben verteilst, denke daran, dass jede Rolle von Bedeutung ist. Am Ende der Versammlung freiwillig Stühle aufeinander zu stapeln, bevor es in die Kneipe geht, ist genauso wichtig wie ein Interview im Fernsehen zu führen. Setze auf deine persönlichen Stärken und verteile die Aufgaben, aber **bestehe nicht auf Ruhm.**

Eine Möglichkeit, die Dinge am Laufen zu halten und Aufgaben zu verteilen, besteht darin, Untergruppen zu bilden, die die Verantwortung für verschiedene Bereiche deiner Arbeit übernehmen. Vielleicht möchtest du ein Team, das die **Logistik** für Veranstaltungen abwickelt, ein weiteres, das die **Öffentlichkeitsarbeit** leitet, und noch ein anderes, das eine **Aktion** plant. Zwischen den allgemeinen Versammlungen können diese Gruppen die Vorarbeit fortsetzen. Anschließend können sie einen aktuellen Bericht vorlegen und einen umfassenderen Input liefern.

Übrigens: Es ist nichts Schlimmes daran, Spaß zu haben. Gestalte deine Versammlungen möglichst unterhaltsam. Knüpfe Kontakte und vergiss nicht zu lächeln.

## INFO
—

Achte auf ein ausgewogenes Geschlechterverhältnis zwischen denjenigen, die niederere Tätigkeiten, und denjenigen, die spannendere Tätigkeiten ausführen. Allzu oft wird von Frauen erwartet, dass sie unterstützende Aufgaben übernehmen.

# „ALLEIN KÖNNEN WIR SO WENIG ERREICHEN, GEMEINSAM ABER SO VIEL."

Helen Keller,
Schriftstellerin und Aktivistin

UND DENKE IMMER DARAN ...

ES IST OK

# ANDERER MEINUNG ZU SEIN

Für eine gemeinsame Sache zusammenkommen ist ja schön und gut, aber es ist auch in Ordnung, wenn man nicht immer einer Meinung ist. Egal, ob Aktivist oder nicht ... wir befinden uns alle auf einer Reise, und die Wege, die vor uns liegen, können steinig sein, Kurven und Hindernisse haben. Anstatt jeden zur Rede zu stellen, der dir widerspricht, solltest du die Menschen für dich gewinnen, indem du ihnen aufmerksam zuhörst und deine Ideen erklärst. Um die Welt zu verändern, musst du die Meinungen der Menschen ändern.

Sollte zwischen Einzelpersonen ein Bruch entstehen, der die Zusammenarbeit unmöglich scheinen lässt, frage ein anderes Gruppenmitglied – oder eine externe Person –, ob es bzw. sie vermitteln kann, damit Streitpunkte sachlich und abseits der Hauptgruppe diskutiert werden können.

# DIE PRO-LGBT-AKTIVISTEN, DIE FÜR DIE RECHTE VON MIGRANTEN EINTRETEN

**Eine Bewegung auf die Beine zu stellen braucht Mut und Vision. Doch wenn man nicht aufgibt – und tatsächlich die Welt verbessert –, ist das eine ganz andere Sache. Für das Aktivistennetzwerk *LGSMigrants* war das ein mühsamer, aber auch unglaublich erfolgreicher Lernprozess. Nachdem sie einen Weg der Zusammenarbeit gefunden haben, können sie nun mit ihrer Aufgabe weitermachen: Die größte Fluchtkrise in Angriff zu nehmen, die unsere Generation je gesehen hat.**

Wir wissen alle, wie es sich anfühlt, die Welt in Ordnung bringen zu wollen, nachdem man ein paar Drinks zu sich genommen hat: Man möchte die Probleme der Gesellschaft ausdiskutieren und gleichzeitig mit Freunden nach Lösungen suchen. Und genau das tat Ben Smoke im August 2015 auf einer Hausparty. Allerdings geriet das Gespräch nicht in Vergessenheit, als der Kater einsetzte. Stattdessen führte es zur Entstehung eines Aktivistennetzwerkes – *Lesbians and Gays Support the Migrants* (LGSMigrants) (Lesben und Schwule unterstützen Migranten) –, das dazu übergegangen ist, Brücken zwischen Gemeinschaften zu bauen, und nun dazu beiträgt, sich von den faulen Geschichten über Migranten in Großbritannien zu trennen, und dabei auch noch Geld sammelt, um Basisaktivisten zu unterstützen.

„Als die Fluchtkrise ihren Höhepunkt erreicht hatte, saßen wir in einem Raum mit einer Flasche Bier in der Hand", erklärt Ben. „In der Presse wurde häufig über die Geflüchtetenlager in Calais berichtet, rechtsextreme Berichterstatter sprachen davon, dass Kriegsschiffe entsandt werden müssten, um Geflüchtete, die im Meer ertrinken, anzugreifen. David Cameron – der damalige Premierminister – entmenschlichte Migranten, indem er sie als Schwarm bezeichnete."

Die LGBT+-Community hat eine lange Tradition von Aktivismus und Solidarität. Während des Bergarbeiterstreiks in den 1980er Jahren kam eine weitere Gruppe von Queer-Aktivisten zusammen und bildete die ursprüngliche LGSM-Gruppe: *Lesbians and Gays Support the Miners* (Lesben und Schwule unterstützen Bergarbeiter). Ben und seine Freunde fanden, es war an der Zeit, dass diejenigen, die sich in Großbritannien ein besseres Leben erhofften, genauso unterstützt werden. Was war für die beiden Gruppen der Schlüssel zum Erfolg? Sie haben sich organisiert.

Nach ein paar im Vorfeld geführten Chats wurde ein offenes Treffen in einem Gemeindezentrum einberufen. „Wir richteten eine Facebook-Seite, einen Twitter-Account und eine E-Mail-Adresse ein", erinnert sich Ben. „Plötzlich fanden wir heraus, dass es innerhalb der Community ein starkes Interesse gab, sich zu engagieren." Ben und seine Mitaktivisten erarbeiteten einen Aktionsplan, auf dem sie ihre Ideen kurz darstellten und den sie beim Treffen präsentierten. Über 100 Interessenten erschienen und schlossen sich ihnen an. Nach einer kurzen Vorstellungsrunde wurde die Menge in Arbeitsgruppen aufgeteilt: Spendensammlung, Aktionen und Events. Am Ende des Abends waren Pläne erarbeitet, wie vor dem Innenministerium in London eine direkte Aktion abgehalten und im Stadtzentrum

Spenden mit der Spendendose gesammelt werden sollten. Außerdem einigte man sich auf eine Satzung, die die Ziele und Anliegen der Gruppe zusammenfasst.

„Wir entschieden uns dafür, künftig offene Treffen zu veranstalten, was bei Entscheidungsfindungen von größter Bedeutung wäre", fährt Ben fort. „Jetzt unterbreiten Menschen der Gruppe Vorschläge, und anschließend, sollten sich die Anwesenden einig sein, handeln wir entsprechend."

In der Praxis bedeutet das, dass Menschen bei der Arbeit und Richtung der *LGSMigrants* mitbestimmen dürfen, ohne dafür viel Zeit opfern zu müssen, sodass mehr Stimmen gehört werden können. Moderatoren leiten diese Versammlungen abwechselnd: Als horizontale Bewegung – ohne Anführer – ist es unerlässlich, Aufgaben zu verteilen.

Zwischen diesen allgemeinen Versammlungen stehen die ordentlichen Gruppenmitglieder in ständigem Kontakt miteinander. Sie treffen sich oft, um sich gegenseitig über den aktuellen Fortschritt jeder Arbeitsgruppe zu informieren, und verfassen für ihre stetig wachsende Anhängerschaft Beiträge in den sozialen Medien, wobei sie – sooft sie können – auf Wortmeldungen und Presseanfragen eingehen.

Seit ihrer Gründung ist die Gruppe *LGSMigrants* dazu übergegangen, Tausende Pfund für Organisationen zu sammeln, die Geflüchtete und Migranten direkt unterstützen. Zu direkten Aktionen zählen das Beschießen von Bürogebäuden einer privaten Sicherheitsfirma mit Glitzerbomben und – zusammen mit weiteren Aktivistengruppen – das Hindern am Abheben eines Flugzeugs mit Geflüchteten und Migranten an Bord, die abgeschoben werden sollen.

Transparenz ist entscheidend für die Organisationsmethode von *LGSMigrants*. Doch wenn es um direkte Aktionen geht, die etwas riskanter sind, erkennt Ben, dass manche Entscheidungen hinter verschlossenen Türen getroffen werden müssen. „Wir können aus ersichtlichen Gründen nicht für unsere heikleren Aktionen in der Öffentlichkeit werben und auch nicht darüber sprechen", erklärt er. „Diese wurden von einer sehr kleinen Gruppe von Vertrauenspersonen geplant und durchgeführt. Bezogen auf die Demokratie erwies sich das als problematisch, aber es war ein notwendiges Übel, da diese Aktionen das größte Aufsehen um uns erregten und einen enormen Einfluss hatten."

Im Wesentlichen zeigt die *LGSMigrants*-Gruppe allerdings eine bemerkenswerte Offenheit. Ihre Mitglieder verstehen, dass, so wichtig es auch ist, aktiv zu werden und Spenden zu sammeln, es auch von entscheidender Bedeutung ist, dass sie Menschen in ihre Bewegung mit einbringen – und so ein größeres Netzwerk von Aktivisten schaffen, während sie gleichzeitig gegen Vorurteile angehen und die Meinungen von Menschen ändern.

„Die Verbindungen und Beziehungen, die *LGSMigrants* innerhalb unserer eigenen Gruppen und mit anderen Communitys aufgebaut hat, beruhen auf Solidarität", überlegt Ben, „ein Begriff, der ein Ausdruck für gemeinsamen Kampf, gegenseitiges Verständnis und gegenseitigen Respekt ist. Solange es Sexismus, Rassismus, Homophobie und andere Formen von Diskriminierung gibt, wird LGSM sich auch weiterhin zusammenschließen und dagegen ankämpfen."

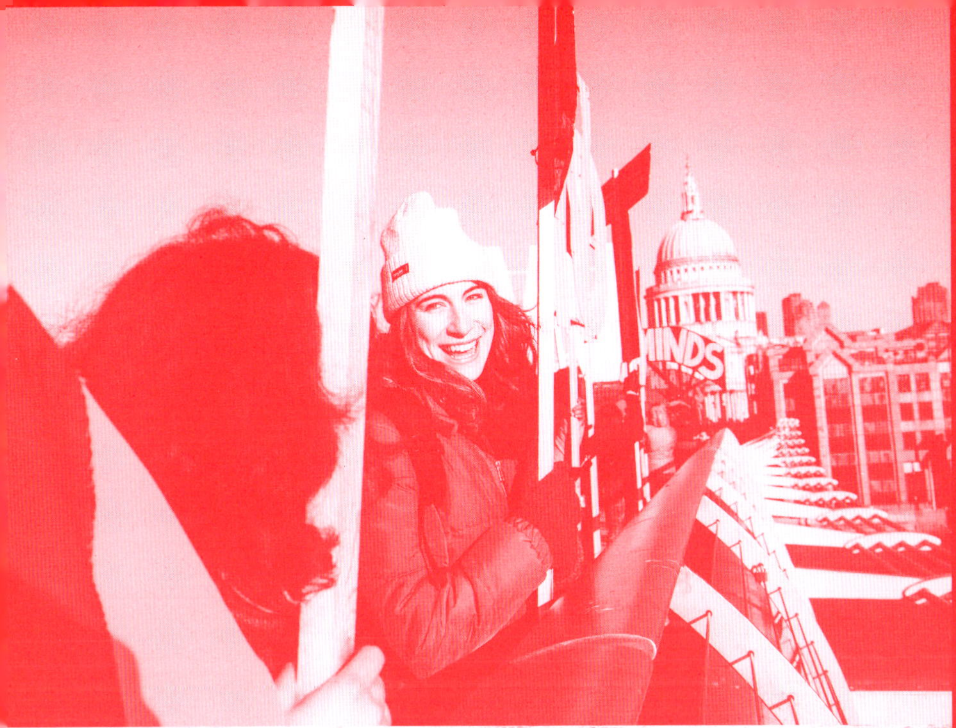

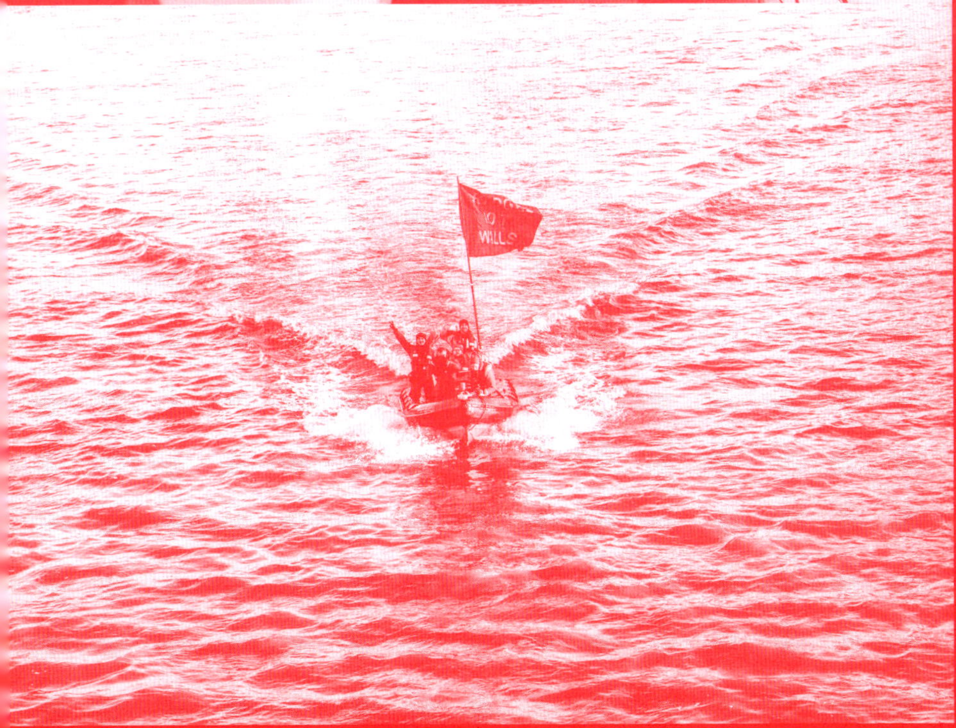
WALLS

# SAG ES LAUT UND DEUTLICH

Formuliere deine Botschaft,
verbreite sie und sorge für Aufsehen

NEWS

RELEASE

PLEASE NOTE DATE

EXCLUSIVE

# EINLEITUNG
—

Die Grundlage für den Aufbau einer
Bewegung ist Kommunikation: von der
Verbreitung von Informationen innerhalb deiner Community bis dahin, dass
deine Botschaft weltweit gehört wird.
Das Internet hat die Medienlandschaft
für Aktivisten umgestaltet. Heute erreichst du dein Publikum einfacher als
je zuvor, egal, ob du dir die Macht der
sozialen Medien zunutze machst oder
Journalisten direkt kontaktieren willst.
Du musst nur wissen, worauf es an-
kommt, um Schlagzeilen zu machen,
und wie du Menschen ansprichst, die
sich hinter deine Sache stellen können.

# Schlagzeilen machen

Von lokalen Blogs bis zu internationalen Zeitungen: Die Arbeit von
Aktivisten (ja, es ist Arbeit) kann es auf die Titelseite schaffen.
Journalisten sind immer auf der Jagd nach einer Sensationsmel-
dung. Ein wenig Vorbereitung und Koordination genügen, damit
dein Artikel in der Presse erscheint. Es ist einfacher, als du glaubst!

Als Erstes musst du dir genau überlegen, welcher Teil deiner Kampagne aufgegriffen werden soll und wann. Eine Medienstrategie
sollte dafür sorgen, dass sich deine Geschichte entfaltet, laufend
über sie berichtet wird und sie ständig Aufmerksamkeit erregt.
Lass deine Bemühungen nicht zu einer Eintagsfliege werden.

Erstelle eine Zeitskala mit Artikeln, die sie deiner Ansicht nach
enthalten sollte: Zum Beispiel die Gründung deiner Bewegung, die
Fragen, die sich aus einer Versammlung ergeben haben, die Vorbereitung auf eine Demonstration und der anschließende Sieg,
wenn du gewonnen hast. Natürlich musst du diese Zeitskala ständig
aktualisieren, da sich deine Pläne weiterentwickeln werden.

Es ist absolut wichtig, dass du die Journalisten, Berichterstatter
und Fernsehsender ausfindig machst, die an deiner Geschichte
interessiert sind; eine allgemeine Pressemitteilung an jeden Mit-
arbeiter bei einer großen Tageszeitung zu schicken, ist bei weitem
nicht der beste Weg, um sicherzugehen, dass dein Artikel Aufmerksamkeit erregt.

Regionale Medienkanäle sind der wichtigste Bereich für Kampagnen,
die deine örtliche Gemeinde betreffen. Das heißt allerdings nicht,
dass du nicht auch bei der überregionalen Presse anklopfen solltest. Auch Nachrichtensender müssen reichlich Sendezeit füllen.
Gehe also nicht davon aus, dass sie kein Interesse haben könnten.
Plane im großen Stil!

# DU HAST DIE MACHT, DIE NACHRICHTEN ZU MACHEN.

# JOURNALISTEN & REDAKTEURE

HABEN VIEL ZU TUN

# PACKE

IN DEINE PRESSEMITTEILUNG

NUR WICHTIGE INFOS –

# SONST NICHTS!

# Hole die Medien ins Boot

Eine Pressemitteilung zu verfassen, um Reporter zu informieren, ist eine einfache, aber oftmals vernachlässigte Aufgabe. Redakteure und Journalisten erhalten täglich hunderte E-Mails. Wenn deine E-Mail leserfreundlich und interessant geschrieben ist, hebst du dich damit von der Masse ab. Fasse dich kurz – dein Schreiben sollte nicht länger als eine DIN-A4-Seite sein bzw. deine E-Mail sollte nur ein paar Absätze umfassen.

Scheue dich nicht davor, an deiner Mitteilung zu feilen oder die Perspektive zu verändern, um dem Journalisten oder dem Medienkanal, den du kontaktierst, zu gefallen. Versende, wenn möglich, personalisierte E-Mails: Erläutere, warum dein Artikel für deren Leser von Bedeutung ist.

Achte darauf, Bilder und weiteres relevantes Bildmaterial beizufügen, wenn du Journalisten anschreibst. Das spart ihnen Arbeit. Zudem bewirkst du damit, dass jeder Bericht so aussagekräftig wie möglich ist.

Manche Reporter werden zwar die Vorarbeit selbst leisten wollen, aber wenn du ihnen Zitate von Aktivisten und Experten zur Verfügung stellst, kannst du ihnen damit ein wenig Arbeit abnehmen. Gib zum Schluss noch deine Kontaktdaten an, damit die Reporter dich kontaktieren können.

Durchkämme das Internet und notiere dir die Kontaktdaten relevanter Journalisten. Speichere deren jeweilige E-Mail-Adresse in einer Excel-Tabelle und erstelle dir ein Medienverzeichnis, das du immer wieder ergänzen und auf das du regelmäßig zugreifen kannst. Du musst nur darauf achten, dass du nie eine Rundmail verschickst, bei der du alle in „Cc" setzt.

# In 6 Schritten zur perfekten Pressemitteilung

### WER

Wer ist involviert? Fasse kurz zusammen,
wer hinter der Aktion steckt.

### WAS

Was geschieht? Sei konkret. Über welchen Punkt deiner
Medienstrategie sprichst du gerade?

### WO

Stützt sich deine Mitteilung auf ein Ereignis, eine
Versammlung oder eine Aktion? Liefere möglichst viele Details,
aber halte sämtliche vertrauliche Informationen unter Verschluss.

### WANN

Du kannst einen Sperrvermerk aussprechen, wenn du
nicht möchtest, dass der Artikel sofort erscheint;
achte darauf, dass du kurz den Zeitpunkt erwähnst,
wann die Pläne in die Tat umgesetzt werden.

### WARUM

Lege deine Aktion oder Kampagne innerhalb
eines breiteren Kontextes fest. Beziehe Statistiken mit ein
und bringe sie mit anderen Artikeln in Zusammenhang,
um sicherzugehen, dass jeder, der deine Mitteilung liest,
sich der Dringlichkeit dessen bewusst wird, was vor sich geht.

### WIE

Wie kam es dazu? Fasse kurz die Geschichte
deiner Gruppe, Kampagne oder Bewegung zusammen.
Erkläre deine Ziele und Pläne und wie du sie
realisieren möchtest.

# PRESSEMITTEILUNG

## RETTET UNSERE SKATEBOARDANLAGE

Hallo Dominique, ich hoffe, es geht Ihnen gut. Mein Name ist Florence, und ich schreibe Ihnen im Namen der Aktivistengruppe Save Our Skatepark (Rettet unsere Skateboardanlage), um Ihnen mitzuteilen, dass nächste Woche eine direkte Aktion stattfinden wird, die für Sie von Interesse sein könnte. Am 7. April werden einhundert Skateboarder durch die Innenstadt fahren, bevor sie vor dem Gebäude der Gemeindeverwaltung ein Die-in abhalten werden.

Save Our Skatepark protestiert gegen den geplanten Abriss der einzigen Skateboardanlage in unserer Gegend. Wir sind eine Gruppe von ...

Am Dienstag, dem 7. April, um 12:30 Uhr werden einhundert Skateboarder ...

Später am Nachmittag des 7. April wird sich die Kommission, die über die Zukunft der Skateboardanlage entscheidet, vor dem Gebäude der Gemeindeverwaltung versammeln. Bei diesem Treffen werden sie ...

Angesichts der Brisanz der Aktion weisen wir Sie darauf hin, dass bis 7. April (13:00 Uhr) kein Artikel darüber erscheinen darf ...

Im ganzen Land mussten Skateboardanlagen und andere öffentliche Plätze für Jugendliche schließen oder wurden abgerissen, da ...

Als Kontext: Unsere Gruppe gründete sich vergangenen Oktober nach der Unterbreitung von Vorschlägen durch ...

Ich hoffe sehr, dass Sie über diese Geschichte berichten können. Ein Fotograf wird uns an dem Tag begleiten. Somit können wir bei Bedarf auch Bilder zur Verfügung stellen.

Für weitere Informationen kontaktieren Sie uns bitte unter ...
Vielen Dank. Florence

SENDEN

# Mache deine Hausaufgaben

Reporter, Berichterstatter und Redakteure haben ihre eigenen Fachgebiete. Twitter bietet sich wunderbar an, um herauszufinden, für welche Themen sich Journalisten interessieren. Recherchiere; wer über das Thema schreibt, für das du dich engagierst, und bitte um Ratschläge und Unterstützung. Journalisten mit einer regelmäßigen Plattform, wie einer wöchentlichen Kolumne, könnten auf deinen Artikel aufmerksam werden und ihn veröffentlichen. Manchmal stellen sich auch Publikationen hinter eine Kampagne. Es lohnt sich deshalb zu fragen, ob sich Redakteure daran beteiligen würden.

Neue Berichte und Sonderbeiträge über deinen Aktivismus werden von Experten geschrieben, aber Meinungsbeiträge (manchmal „Kommentar" oder „Meinungskommentar" genannt) bieten dir die Gelegenheit, deine eigene Meinung zu äußern. Einen Blog einzurichten kann eine hervorragende Möglichkeit sein, um deine Artikel selbst zu veröffentlichen. Allerdings ist es auch einen Versuch wert, die Meinungsredakteure zu kontaktieren und ihnen einen Pitch in deinen eigenen Worten zu präsentieren. Im Gegensatz zur Nachrichtenberichterstattung können Meinungsbeiträge konkret Stellung beziehen.

Aber: Kampagnen und Anliegen sollten sich nicht nur um eine Person drehen. Wenn du dich für eine Reihe unterschiedlicher Meinungen einsetzt, zeigt das, dass du eine breite Basis von Anhängern vorweisen kannst.

# MACHE VIEL WIRBEL UM DEINEN ARTIKEL UND GIB IHM GENÜGEND RAUM

# Pitching 101:
# der Meinungskommentar

Im Gegensatz zu neutralen Nachrichtenartikeln, die Fakten beinhalten und über das Tagesgeschehen berichten, kannst du deine Argumente mit Kommentaren auf sachkundige und sehr emotionale Weise vortragen. Dort kannst du subjektiv sein und deine Meinung in der lokalen und überregionalen Presse vortragen. Deine Stimme könnte von Millionen von Menschen gehört werden. Deshalb ist es unglaublich wichtig, dass du deinen Pitch richtig formulierst. Und so geht's:

- **Finde den Redakteur heraus, der für Meinungen und Kommentare zuständig ist, und achte darauf, dass du seinen Namen und den des Verlages in der E-Mail richtig schreibst.**

- **Kopiere allgemeine Aussagen nicht einfach nur und füge sie ein. Schneide deinen Pitch auf das Interessensgebiet des Verlages zu.**

- **Stelle dich kurz vor und mache deutlich, dass du einen Meinungskommentar pitchst.**

- **Erläutere den Grund, warum du schreibst und warum du am geeignetsten dafür bist, über dieses Thema zu sprechen.**

- **Fasse deine Argumente kurz zusammen und stelle eine Gliederung vor.**

- **Mache deutlich, dass du bereit bist, zusammenzuarbeiten und Ratschläge anzunehmen.**

- **Schätze die Zeit zum Schreiben realistisch ein.**

- **Schicke niemals einen fertiggestellten Artikel sofort ab.**

# AKTIVISTEN-WÖRTERBUCH

## EXKLUSIVBERICHT

Wenn du einen Artikel als Exklusivbericht veröffentlichen lassen möchtest, sicherst du einem Reporter oder Verlag die Exklusivrechte zu. Besitzt du Informationen, die noch nicht veröffentlicht wurden, könnte es sich lohnen, die Geschichte einem einzigen Medienkanal anzubieten. Steht das Wort „Exklusivbericht" in der Überschrift, kann das Interesse wecken. Deinem Artikel könnten so mehr Platz und Mittel zur Verfügung gestellt werden, wenngleich andere Medienkanäle dann erst später an die Nachricht gelangen könnten.

## SPERRVERMERK

Möchtest du vor einer Aktion Informationen geheim halten, musst du ein Verbot (Sperrvermerk) der Veröffentlichung entsprechender Artikel aussprechen – teile den Medienkanälen mit, dass sie deinen Artikel erst ab einem bestimmten Tag und einer bestimmten Uhrzeit veröffentlichen dürfen. Werden mehrere Beiträge gleichzeitig veröffentlicht, kann das zu einem Sturm führen.

# Verschaffe deinem Anliegen die 15 Minuten, die es verdient

Produzenten bei Rundfunkmedien (TV und Radio) sind immer auf der Jagd nach spannenden Gästen. Wenn du also in ein Studio eingeladen wirst, um deine Argumente vorzutragen, kannst du so Millionen Menschen erreichen.

Frage immer, in welchem Format das Gespräch ausgestrahlt wird – ob es ein Interview, eine Debatte oder ein vorher aufgezeichneter Beitrag sein wird. Trittst du gegen jemanden an, der gegenteilige Ansichten vertritt, dann frage nach dessen Namen und stelle Recherchen über diese Person an, damit du gut vorbereitet bist.

Übung macht den Meister ... zumindest im Bereich TV und Radio. Bitte deshalb jemanden darum, dich bei den Vorbereitungen zu unterstützen, indem die Person dich mit Fragen bombardiert und mit dir deinen Clip auf die Beine stellt. Es gibt Organisationen, wie Gewerkschaften, die Medientraining anbieten und einem beim Ausbau seines Netzwerkes unterstützen. Für Anfänger sind auch folgende Tipps hilfreich:

**Kleide dich angemessen:** Es kann nicht schaden, sich für das Fernsehen stilvoll zu kleiden. Wichtig ist aber, dass du dich wohlfühlst, und vergiss auch nicht, dass du für eine Sache stehst.

**Lenke auf dein Thema hin:** Du kannst einem Moderator nicht vorschreiben, welche Fragen er stellen soll. Es gibt allerdings Möglichkeiten, ein Gespräch voranzutreiben. Folgende Sätze sind sehr hilfreich: „Es wäre leicht, sich einfach darauf zu konzentrieren, aber ..." oder „Viel wichtiger in dieser Situation ist ..." Damit gibst du zwar eine Antwort, lenkst aber das Interview zu dem Argument, das du vorbringen willst.

**Achte auf deine Worte:** Bei TV und Radio geht es einzig und allein darum, deine Botschaft zu verbreiten. Vermeide Hetzparolen. Verkompliziere Themen aber auch nicht, und meide unbedingt eine zu komplizierte Sprache.

# Ein Wort
# der Warnung

Versichere dich, dass du die Sprache prägst, wenn über
deine Kampagne öffentlich berichtet wird. Es gibt bestimmte Ausdrücke, die die Medien oder Menschen,
die gegen deine Sache sind, ohne Weiteres gegen dich
verwenden könnten. „Gewalttätig" und „antidemokratisch" sind Adjektive, die immer wieder falsch gebraucht
werden, um legitime Proteste zu schwächen oder anzugreifen.

## INFO

Schaffst du es, bekannte Gesichter für dich zu gewinnen, die deine Kampagne
unterstützen, kannst du diese damit in Schwung bringen. Berühmte Personen
haben ihre eigene Zuhörerschaft, aber sie können in den Medien auch als
Sprachrohr für deine Sache auftreten. Scheue dich nicht davor, mit ihnen in
Kontakt zu treten, egal wie berühmt sie auch sein mögen.

# „GEWALTTÄTIG"

Verfolgt man Proteste und Aktionen, wird oftmals mit dem Wort „gewalttätig" um sich geworfen. Vor allem tun dies diejenigen, die versuchen, eine Kampagne zu diskreditieren und von ihr abzulenken. Denke daran, dass friedliche Demonstrationen, ziviler Ungehorsam und sogar Sachbeschädigung nicht zwangsläufig mit Gewalt gleichgesetzt werden können. Scheue dich deshalb nicht davor, Menschen zur Rede zu stellen, wenn sie dir aus diesem Wort einen Strick drehen wollen.

# „ANTIDEMOKRATISCH"

Manche Kritiker könnten deine Bewegung als „antidemokratisch" bezeichnen, vor allem, wenn du dich mit gewählten Volksvertretern oder der Regierung insgesamt anlegst. Auf Anschuldigungen kannst du gut reagieren, indem du erklärst, dass das Demonstrationsrecht das Herzstück einer jeden Demokratie ist. Aktivismus ist ein genauso gültiges Mittel sich politisch zu engagieren, wie alle vier Jahre zur Wahl zu gehen.

# Soziale Medien (und wie man sie sich zu eigen macht)

Soziale Medien haben mittlerweile auch die Aktivisten beeinflusst. Mit nur einem Mausklick erreicht man nun Millionen von Menschen auf seine Art und Weise und kann seine Botschaft nach außen tragen.

Es empfiehlt sich, keine persönlichen Profile zu verwenden – richte stattdessen auf Facebook und anderen Social-Media-Plattformen eine Kampagnenseite ein, damit dein Adressatenkreis und dein Netzwerk unabhängig von dir weiterwachsen können.

Es lohnt sich auch, einen Personenkreis zu haben, der jeden Bericht prüft. Deine Follower werden mit dir in Kontakt stehen wollen, und Kommentare müssen eventuell moderiert werden. Verteile deshalb die Aufgaben, damit du am Ball bleibst. Und sollte die Polizei plötzlich ein wachsames Augen auf deine Aktionen haben, könnten Administratoren deiner Gruppen oder Seiten als Rädelsführer ausgemacht werden. Je mehr von euch auf der Webseite aufgeführt sind, desto schwerer wird es der Polizei fallen.

Vereinbare eine Leitlinie für Postings, um jegliche Wiederholung, Verwirrung oder Diskussionen über den Umgangston oder die Botschaft zu vermeiden.

Überlege dir genau, was du teilst, zurücktwitterst oder likest: Sich anderen Anliegen anzuschließen und diese zu unterstützen, kann eine hervorragende Möglichkeit sein, Solidarität zu zeigen. Achte allerdings darauf, deine Posts auf das jeweilige Thema zu beschränken und an die Überzeugungen deiner eigenen Gruppe anzupassen.

# Finde deine Stimme

Wenn wir unser Newsfeed durchscrollen, ziehen uns Posts mit sarkastischem Inhalt und Meinungsprofile immer besonders an. Relevante Links und Updates über deine Kampagne zu posten ist wichtig, aber wenn du Diskussionen lostrittst und Aufmerksamkeit erregst, kannst du dadurch deine Botschaft ebenfalls verbreiten.

Um das zu erreichen, solltest du den richtigen Ton treffen, oder es wagen, zum Handeln aufzurufen. So oder so musst du regelmäßig Neues posten, um deine Follower auf dem Laufenden zu halten – aber „zapfe den Feed" besser nicht mit Dauerposts an. Auf Facebook-Seiten oder mithilfe von Apps wie Tweetdeck für Twitter kannst du die Zeit festlegen, wann deine Posts veröffentlicht werden sollen. Dann musst du nicht rund um die Uhr vor dem PC sitzen. Experimentiere auch mit der Postingzeit, um zu sehen, wann du die meisten Likes bekommst.

Social-Media-Plattformen wie Facebook und Twitter geben Videos immer eine höhere Priorität. Wenn du also mit kreativen Bündnispartnern Kurzfilme drehst, wäre das eine weitere hervorragende Möglichkeit, deine Botschaft zu verbreiten.

Da Bewusstsein ein wesentlicher Bestandteil beim Aufbau einer Bewegung ist, solltest du vielleicht auch etwas zu investieren, damit deine Posts mehr Aufmerksamkeit bekommen. Mit gesponserten Posts auf Facebook und Twitter kannst du zusätzlich zu deinen Followern ganz bestimmte Bevölkerungsgruppen ansprechen. Sich an Gruppen mit relevanten Interessen zu richten, könnte seinen Preis haben, aber manchmal ist es das Geld wert. Auf Plattformen geht das sehr einfach. Befolge einfach die Anleitungen auf deren Seite.

**WIR HABEN KEINE ZEIT FÜR ...**

**BLA,**

**BLA,**

**BLA.**

**ERZÄHLE MIT JEDEM POST EINE GESCHICHTE.**

# Wie du deine Botschaft formulierst

Kampagnen, die die Aufmerksamkeit der Öffentlichkeit erregen, sind solche, die die Menschen auf eine Gedankenreise schicken. Der Begriff „Framing" beschreibt, wie die Rahmenbedingungen für eine Kampagne und die Veränderungen, die du herbeiführen möchtest, festgelegt werden. Im Anschluss wird die Botschaft denjenigen vermittelt, die hinhören.

Vielleicht solltest du einen positiven Frame formulieren wie: „Gehe zu Fuß oder fahre mit dem Fahrrad anstatt mit dem Auto. Dann können wir die Erderwärmung bremsen."

Oder du entscheidest dich möglicherweise für einen negativen Frame: „Wenn du deine Autofahrten nicht reduzierst, wird der Klimawandel außer Kontrolle geraten."

Halte dich darüber auf dem Laufenden, welche Posts und Frames in deinen sozialen Medien am häufigsten geteilt und geliked werden. Dann nutze diese Informationen als Bausteine, um deine Kampagne weiterzuentwickeln.

Es gibt Millionen Stimmen, die sich im Internet lautstark äußern. Doch mithilfe folgender einfacher Regeln kannst du deine Social-Media-Kampagne fokussiert und konzentriert halten.

# SOCIAL MEDIA TOOLKIT

Richte dich auf die entscheidende
Bedeutung deiner Sache aus.

—

Sei informativ. Stelle neue Informationen
zur Verfügung, die die Menschen womöglich
noch nicht kannten.

—

Bringe die Dringlichkeit zu handeln zur Sprache
und schlage eine Lösung vor. Biete verschiedene
Möglichkeiten an, sich zu engagieren und strukturiere
deinen Aufruf zum Handeln einfach.

—

Konsistenz ist entscheidend: Erzähle deine
Geschichte immer wieder neu, da sie sich
im Laufe der Zeit verändert.

—

Tritt mit Menschen in Kontakt; sei dabei emotional:
Versuche deine Geschichte so zu erzählen, dass man
zu ihr eine Beziehung aufbauen kann.

—

Überlege dir, was deiner Zielgruppe wichtig ist;
Frames können variieren, je nachdem, wen
du ansprichst.

—

Gestalte deine Sache attraktiv.
Bilder sind immer ein Publikumsmagnet.

—

Bewahre dir deine Integrität um jeden Preis:
Beschönige nicht die Fakten.

# FORMULIERE DEINE BOTSCHAFT KLAR UND

Möchtest du deine Botschaft vermitteln, musst du einiges beachten. Doch grundsätzlich zählen vor allem Offenheit und Integrität. Lass außerdem nicht zu, dass deine Stimme von denen übertönt wird, die dich am liebsten zum Schweigen bringen würden. Halte deine Botschaft fokussiert und konsistent.

# DIE JUGENDBEWEGUNGEN, DIE MIT DER MACHT DES VIRAL-MESSAGING DIE POLITIK VERÄNDERTEN

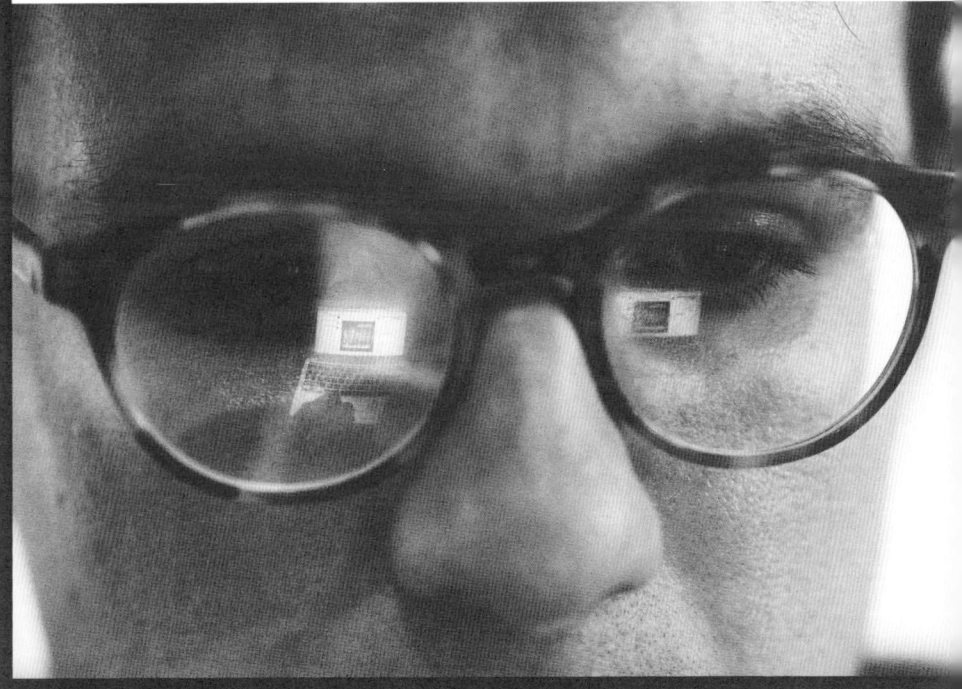

**In Europa und in den USA werden unsere politischen Systeme immer stärker verunsichert. Unerwartete Wahlergebnisse – die angeblich durch Fake News von externen Kräften gesteuert wurden – und Hasskampagnen im Internet lösen zunehmend Unsicherheit und Misstrauen aus. Doch es gibt Möglichkeiten, die Negativität zu durchbrechen. Und es geschieht genau jetzt … mithilfe von Apps auf unserem Smartphone … dank Bewegungen wie *Momentum*, die die Macht von „Likes" erkennen.**

Protestschilder und Petitionen sind nur die Spitze des Eisbergs, wenn es um Kampagnen im 21. Jahrhundert geht. Neue und innovative Wege zu finden, mit einer immer vielfältiger werdenden Öffentlichkeit zu kommunizieren und sie zu begeistern, ist entscheidend. Aktivisten müssen gegen die hasserfüllte Sprache ankommen, die oft verbreitet wird. Hierzu ist der Einsatz der sozialen Medien ein Muss.

Keine Gruppe in Großbritannien erkennt das heutzutage besser als *Momentum*, ein volksnahes Kampagnennetzwerk mit über 30 000 aktiven Mitgliedern, das eine fortschrittliche Politik unterstützt. Seit Jeremy Corbyns Wahl zum Vorsitzenden der Labour-Partei im Jahr 2015 setzt *Momentum* das Reden über die Sozialbewegungspolitik in die Tat um. Und grundlegend dafür ist, wie sich die Gruppe im Internet vernetzt … schon während Ihrer Gründungszeit.

„Dank der sozialen Medien können wir mit unzähligen Menschen für sehr wenig Geld direkt und persönlich kommunizieren", erklärt der 25-jährige Organisator Joe Todd. „Du kannst mit Leuten sprechen und musst dabei nicht diejenigen in Machtpositionen überreden, dass sie sich anhören, was du zu sagen hast."

*Momentum* hat Statistiken erstellt, die belegen, dass die Methode funktioniert. In der letzten Woche der britischen Unterhauswahlen 2017 schaute sich knapp jeder vierte britische Facebook-User ein Video von *Momentum* auf der Seite des sozialen Netzwerkes an. Eines der Videos wurde über 6 Millionen Mal aufgerufen. Die Mainstream-Presse stand *Momentum* und dessen Posts ablehnend gegenüber. Doch das hinderte das Netzwerk nicht daran, das Netz zu durchdringen.

Genau dieselbe Haltung erwies sich als dienlich, als es darum ging, die Millionen Menschen, die Bernie Sanders' Präsidentschaftswahlkampf unterstützten, in den Bann zu ziehen. Als Sanders seine Kandidatur bekanntgab, hatten nur 5 % der Amerikaner von ihm gehört. Mithilfe der sozialen Medien konnte er sich einen Namen machen.

„Teilweise gelang dies durch Millionen geteilter öffentlicher Kampagneninhalte", erklärt Claire Sandberg, seine ehemalige Leiterin für digitale Organisation. „Doch es geschah auch anhand von volksnahen Inhalten – Meme, Grafiken, Videos –, die von ganz normalen Menschen erstellt und mit dem Hashtag #FeeltheBern verbreitet wurden. Die Menschen verbreiteten ihre eigene Botschaft und machten ihre Freunde zu Anhängern."

Joe Todd stimmt dem zu. „Wenn man eine kleine Aktivistenorganisation ist, hat man es schwer, in der Mainstream-Presse Fuß zu fassen. Man muss Kontakte knüpfen und finanzielle Mittel in Anspruch nehmen … und trotzdem könnte es sein, dass dein Artikel nicht als berichtenswert angesehen wird. Mithilfe der sozialen Medien besteht dieses Hindernis nicht mehr. In letzter Zeit erhielten kleine Kampagnennetzwerke eine Menge Unterstützung, weil sie interessante Inhalte erstellten, die sie direkt in die sozialen Medien stellten."

Joe zufolge können die Videos von *Momentum* in den sozialen Medien in der Regel in zwei verschiedene Kategorien aufgeteilt werden: Inhalte, die darauf abzielen, ihre Hauptanhänger zu mobilisieren, und Inhalte, von denen erhofft wird, dass sie sich rasend schnell verbreiten und dabei möglichst viele Menschen erreichen.

„Diese Videos sind anders", erklärt Joe. „Das eine wird niemals Millionen Zuschauer erreichen, da du nur einen bestimmten Teil der Gesellschaft ansprichst – deine Basis, die Menschen, die tatsächlich Dinge tun, um die du sie bittest. Mit dem anderen versucht man nur einen möglichst großen Eindruck zu machen, um die Leute zum Reden zu bringen. Mit diesen Videos erreichen wir Menschen von allen Seiten des politischen Spektrums."

Wenn das Team von *Momentum* eines aus seinen Erfahrungen mit den sozialen Medien gelernt hat, dann, dass es unbedingt notwendig ist, sich darüber Gedanken zu machen, wen man ansprechen und was man erreichen möchte. Je mehr innovative Wege man dafür finden kann, meint Joe, desto besser.

Während der Unterhauswahlen war *Momentum* anderen Aktivistengruppen meilenweit voraus – sein Gebrauch von WhatsApp am Wahltag ist hierfür nur ein Beispiel von vielen. „Wir nutzten WhatsApp, um eine virale Botschaft zu erzeugen", fährt Joe fort. „Kurz gesagt, man erhält eine Nachricht von einem Freund, die in etwa folgende Worte enthält: ‚Heute ist Wahltag. Wähle Labour; möchtest du diese Nachricht weiterleiten, klicke auf diesen Link.' " „Dieser leitete einen auf eine Website weiter, die wir eingerichtet hatten. Anschließend wurde man dann wiederum zusammen mit einer Nachricht, die man an all seine Kontakte schicken sollte, zu WhatsApp zurückgeführt. Es dauerte nur wenige Minuten, bis man direkt mit so vielen Menschen kommunizieren konnte wie man wollte."

So lasen weit über 400 000 Personen am Wahltag diese Nachricht, was in einem 24-Stunden-Zeitraum eine beachtliche Leistung war.

„Es freut uns sehr, dass wir all diese Menschen für die Politik begeistern konnten", bemerkt Joe abschließend. „Geht man mit den technischen und den Social-Media-Tools, über die wir verfügen, richtig um, sind die Möglichkeiten, an wen eine Bewegung sich richtet und wie sie diese Personen anspricht, endlos."

# GESTALTE DEINE ZUKUNFT

Von Protestschildern und Postern
bis zu Symbolen und Zeichen

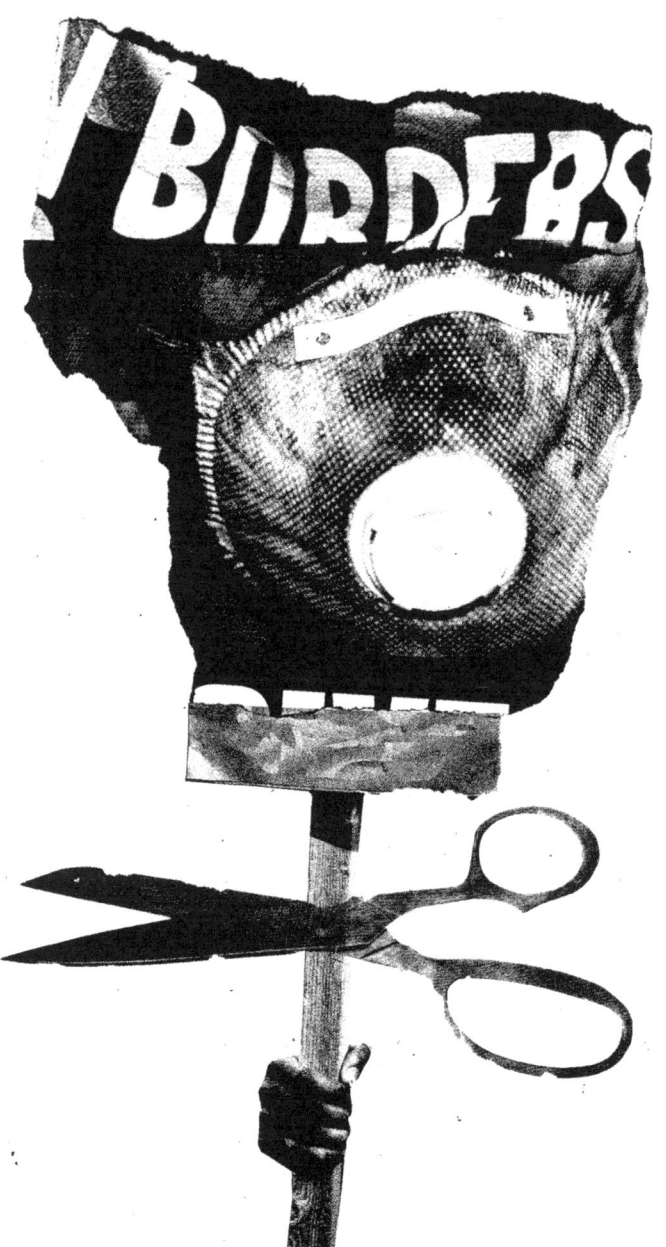

# EINLEITUNG
—

Beim Aktivismus dreht sich alles darum, das Beste aus dem Material und den Mitteln zu machen, die uns zur Verfügung stehen, indem wir die wenigen begrenzten Mittel nutzen, die wir haben, um unsere Botschaft möglichst laut und deutlich zu verbreiten. Hat man kein Millionenbudget und teure Agenturen, kann man das mit Kreativität und der Lieblingsabkürzung eines jeden Aktivisten wettmachen: DIY.

# Branding ist nicht nur etwas für große Firmen

Während sich deine Kampagne weiterentwickelt, solltest du dir darüber Gedanken machen, wie du eine Marke kreieren könntest. Damit sind nicht Marketingjargon und Plakataktionen gemeint: Ein gutes Design und eine klare Botschaft genügen, um sich einen Namen zu machen. Ein einfacher Slogan allein mag nicht besonders erscheinen, aber wenn du deine Botschaft in einem einzigen, wiederkehrenden Satz zur Sprache bringst, kannst du damit das, was du zu sagen hast, weit verbreiten.

Worte sind wichtig ... genauso wie Bilder. Ein gut gestaltetes Logo kann ein wirkungsvolles Mittel sein, um deiner Bewegung einen hohen Wiedererkennungswert zu geben. Nimm deshalb die Kompetenzen all derer genau unter die Lupe, die sich für deine Kampagne engagieren und aus deinem weiteren Umfeld stammen. Mache auch ein Brainstorming dazu, wie du deine ganze Mission in einer einfachen Zeichnung darstellen könntest.

Eine weitere Möglichkeit wäre, dein gesamtes Kampagnenmaterial mit einer Farbe, einem Symbol oder in einer Form zu gestalten – ein einfaches, wiederkehrendes Zeichen, das immer wieder kopiert werden kann. So wie wir alle wissen, wofür eine rote Schleife steht, wenn sie um den Welt-AIDS-Tag herum getragen wird, spricht nichts dagegen, ein unverwechselbares Logo zu kreieren, das mit deiner Kampagne untrennbar in Verbindung gebracht wird.

Eines der gelungensten Beispiele für die Begegnung von Kunst und Aktivismus war die Arbeit von ACT UP, einer Pro-LGBT-Aktivistengruppe. Sie entstand in den 1980er Jahren in New York. ACT UP verfolgte das Ziel, das Leben von Menschen mit AIDS zu verbessern. Diese Aktivisten entschieden sich für ein pinkfarbenes Dreieck und den Slogan „SCHWEIGEN = TOD" und machten das Ganze zu einem internationalen Symbol, das bis heute auf der ganzen Welt widerhallt.

SCHWEIGEN
=
TOD

# In 3 Schritten zum perfekten Protestschild

Das einfach gestaltete Protestschild kann der beste Freund eines Aktivisten sein – eine bildliche Darstellung seiner Überzeugungen, damit sie die ganze Welt sehen kann. Nimm dir die Zeit und mache es robust, damit weder deine Botschaft noch dein Werk ein Protestflop werden.

## 1 |   MACHE DIR KLAR, WAS DU SAGEN WILLST

Ein aussagekräftiges Protestschild muss sofort Wirkung zeigen. Deshalb musst du unbedingt alle Aufmerksamkeit auf deine Botschaft richten. Prägnante Slogans sind immer gut. Doch Humor oder emotionale Botschaften können auch eine Lösung sein. Fasse dich möglichst kurz. Die Menschen haben nicht viel Zeit, deine Aussage geistig zu verarbeiten.

## 2 |   GESTALTE DEIN SCHILD

Skizziere deinen Slogan in groben Zügen auf ein Blatt Papier. Überlege dir dabei genau, wie viel Platz du für Wörter, Symbole und Bilder benötigst, wenn das Ganze dann vergrößert wird. Denke daran: Du kannst auf einem zweiseitigen Protestschild auch mit zwei verschiedenen Designs arbeiten.

Fettgedruckte Wörter in Großbuchstaben erregen die Aufmerksamkeit von Außenstehenden. Achte also darauf, dass deine Worte schon von Weitem gesehen werden können. Schrecke auch nicht davor zurück, ein paar Deko-Elemente mit einzubauen – drücke dich aus, wie du möchtest, solange die Worte deine Botschaft prägnant transportieren.

# 3 |    BAUE ALLES ZUSAMMEN

Wähle deine Materialien mit Sorgfalt aus – es kommt auf die Umsetzung an. Hast du eine weite Strecke vor dir oder könnte das Wetter schlechter werden, dann achte darauf, dass du eine strapazierfähige Oberfläche verwendest: Plakatkarton, stabile Pappe oder Kunststoff. Hast du ein knappes Budget, ist auch das Herumstöbern in Müllcontainern vor Geschäften ein guter Ansatz.

Außerdem benötigst du eine Stange, damit du dein Protestschild hochhalten und es schwenken kannst. Schätze die Länge ab, die du brauchst, und vergiss nicht, dass du für die Stange noch ein paar Zentimeter zusätzlich berücksichtigen musst, damit du sie auf der gesamten Höhe deines Schildes aufkleben kannst und das Ganze stabil bleibt. Sperrholz, Rundholzstäbe oder ausgediente Besenstiele eignen sich am besten dafür. Denke aber daran, ein Material zu nehmen, das du problemlos lange Zeit in den Händen halten kannst.

Um dein Protestschild zu bauen, legst du ein Plakat mit der Vorderseite nach unten. Platziere anschließend die Stange in der Mitte. Befestige sie mit Kleber, Klebeband, Krampen oder Nägeln – oder einer Kombination aus diesen Materialien, damit es auch wirklich hält. Lege das zweite Plakat mit der Vorderseite nach oben darauf und befestige es ebenfalls. – Fertig!

## INFO
–

Es gibt nichts Schlimmeres, als wenn du einen Holzsplitter in deinem Finger entdeckst, während du gerade eine lange Demostrecke zurücklegst. Versuche deshalb die Stange deines Schildes mit Klebeband oder Stoff zu umwickeln. Dann kannst du dich voll und ganz darauf konzentrieren, laut und stolz zu demonstrieren.

# GROSS DENKEN GROSS SCHREIBEN

# Hebe dich von der Masse ab

Banner sind ein weiteres wirksames Mittel, deine Botschaft zu verbreiten – trägst du sie bei einer Demo oder einer direkten Aktion, bleibst du immer sichtbar. Bettlaken und Farbe sind eine gute Lösung, wenn du ein knappes Budget hast. Doch im Laufe der Entwicklung deiner Kampagne solltest du vielleicht in etwas Professionelleres investieren.

Banner können auch der Mittelunkt einer direkten Aktion sein (siehe Kapitel 7).

Die Kunst des Bannerhissens ist unglaublich einfach: Nimm ein fett bemaltes Banner und hänge es irgendwo auf – mit oder ohne Genehmigung. Aktivisten peilen oft bekannte öffentliche Plätze an: Brücken, Einkaufszentren oder mitten auf einem Universitätscampus. Bringe an der Unterseite deiner Banner Gewichte an, damit sie dem Wind standhalten.

Wenn du keine Genehmigung hast, wird dein Banner wieder abgenommen. Wenn du also präsent sein willst, ist Timing alles: Wähle den Zeitpunkt gut aus. Und bist du an einem Ort, wo du nicht sein solltest, dann rechne damit, dass die Polizei gegen dich vorgehen könnte (siehe Kapitel 6).

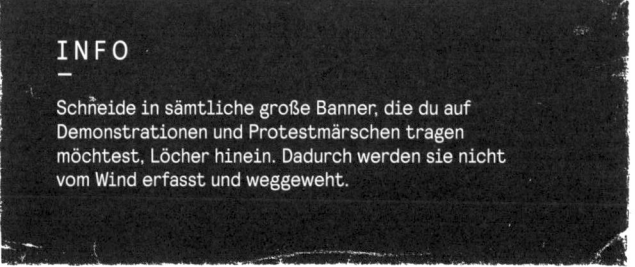

**INFO**
—
Schneide in sämtliche große Banner, die du auf Demonstrationen und Protestmärschen tragen möchtest, Löcher hinein. Dadurch werden sie nicht vom Wind erfasst und weggeweht.

# Zeit sich zu versammeln

Organisierst du eine Aktion, solltest du zusätzlich etwas Zeit für deine Mitaktivisten einplanen, damit ihr euch treffen und mit Protestschildern, Bannern und anderen Utensilien eurer Kreativität freien Lauf lassen könnt. Einen Aktionstag abzuhalten, ist eine bewährte Methode, um Menschen vor einem großen Tag in Stimmung zu bringen.

Finde einen frei zugänglichen und offenen Platz – Gemeindesäle, Gemeindezentren oder im Sommer auch einen Außenbereich – und lade Menschen zu einem Abend oder Wochenende ein, um sich zu engagieren. Steht dir ein ausreichendes Budget zur Verfügung, dann bringe eigenes Material mit und ermuntere alle Teilnehmer dazu, ebenfalls Materialien mitzubringen.

Solche Tage werden bei dir nicht nur tolle Requisiten hinterlassen. Du wirst auch merken, dass sie Begeisterung wecken und eine Community bei ihrem Aufbau motivieren.

Es wird auch einige Leute geben, die sich zwar begeistert für deine Sache einsetzen, möglicherweise jedoch nicht an einer Protestaktion oder Kundgebung teilnehmen können. Solche Veranstaltungen bieten diesen Personen dann eine Alternative, um sich engagieren zu können.

Warum fragst du sie nicht einfach, ob sie zusätzliche Protestschilder und Poster machen könnten? Es ist nie falsch, zu gut vorbereitet zu sein. Stelle Getränke und Snacks zur Verfügung und sorge für Musik; damit hältst du die Menschen den ganzen Tag über bei Laune.

# Erstelle deine Requisiten

Banner und Protestschilder sind die wichtigsten Gegenstände jedes Aktivisten. Das soll aber nicht heißen, dass es keine anderen Möglichkeiten gibt, seine Kreativität für eine Sache zu entfalten. Überlege dir genau, ob Bildmaterial, Utensilien oder Objekte deine Aktionen ergänzen könnten.

Als Greenpeace-Aktivisten weltweit auf die schmelzenden Polareiskappen aufmerksam machen wollten, bauten sie einen riesigen Eisbären, damit die Menschen das Thema zur Kenntnis nahmen. Der Bär wurde bei Protesten im Umfeld der UN-Klimakonferenz in Paris 2015 durch die Straßen getragen; er wurde vor dem Hauptsitz von Shell in London abgestellt, als das Unternehmen weiterhin mit umweltschädigenden Plänen in der Arktis nach Öl bohren wollte.

Vielleicht denkst du, aufblasbare Objekte, Pappfiguren und Fahnen sind nur Utensilien, die man verwenden könnte. Diese Dinge dienen aber nicht nur dazu, deine Aktion zu einer geschlossenen Einheit zu machen; sie sorgen auch für starke Bilder in den sozialen Medien und in der Presse.

Kostüme zu tragen ist ebenfalls eine sichere Methode, um Außenstehende zur Kommunikation zu animieren. Und wenn man dann noch Fotografen und den Medien ein Foto von sich in diesen Kostümen zukommen lässt, weckt deine Aktion mit Sicherheit Interesse. Aktivistinnen der Londoner Aktivistengruppe *Sisters Uncut* verkleideten sich als Suffragetten und postierten sich vor dem Parlamentsgebäude, um auf die Notwendigkeit aufmerksam zu machen, Opfer häuslicher Gewalt gesetzlich besser zu schützen.

Menschen, die als Dinosaurier verkleidet waren, marschierten vor dem Weißen Haus, um gegen Präsident Trumps Kürzungen beim Wehrdienstprogramm, wozu auch das Friedenscorps zählt, zu demonstrieren.

Sollte es eine bestimmte Farbe geben, die mit deiner Kampagne in Zusammenhang steht, dann bitte doch einfach alle, die an einer Aktion teilnehmen, Kleidung in dieser Farbe anzuziehen.

# Hacke das System

Gegen all die Informationen mit denen uns die Unternehmen täglich bombardieren, können wir nichts machen. Von Reklametafeln an der Bushaltestelle bis hin zu Werbeanzeigen in der U-Bahn werden unsere Augen und Ohren mit Informationen überflutet, die wir selten benötigen.

Es gibt einen Grund, warum Unternehmen ein Heidengeld für Werbung ausgeben – und ob es dir gefällt oder nicht, es funktioniert. Zum Glück gibt es Möglichkeiten, auch deine Botschaft auf riesengroße Reklametafeln zu bringen, um diese erstklassige Werbefläche für deine Sache zu nutzen. Ein paar Guerillataktiken wie Werbehacking anzuwenden, könnte zur Tagesordnung gehören. Gehe nur vorsichtig damit um, und fasse dich kurz und knapp.

## INFO
—

Du musst keine bleibenden Spuren hinterlassen, um Sachbeschädigung zu begehen. Überlege dir deshalb genau, wie und wo du Kreide, Farben oder Stifte einsetzt, wenn du fremdes Eigentum beschriftest. Siehe hierzu Kapitel 6.

# AKTIVISTEN-WÖRTERBUCH

## WERBEHACKING

Es mag wie ein komplexer technologischer
Prozess klingen, aber die Kunst des Werbe-
hackings ist alles andere als kompliziert. Es
bedeutet lediglich, dass die Werbeflächen, die
auf unseren Straßen und in unseren Städten
überall präsent sind, zurückerobert werden –
und so der Werbemüll der Unternehmen durch
sinnvollere Botschaften ersetzt wird.

# Das Starterpaket für Werbehacker

Beim Werbehacking gibt es kein richtig
oder falsch, aber man sollte dennoch
ein paar Dinge beachten.

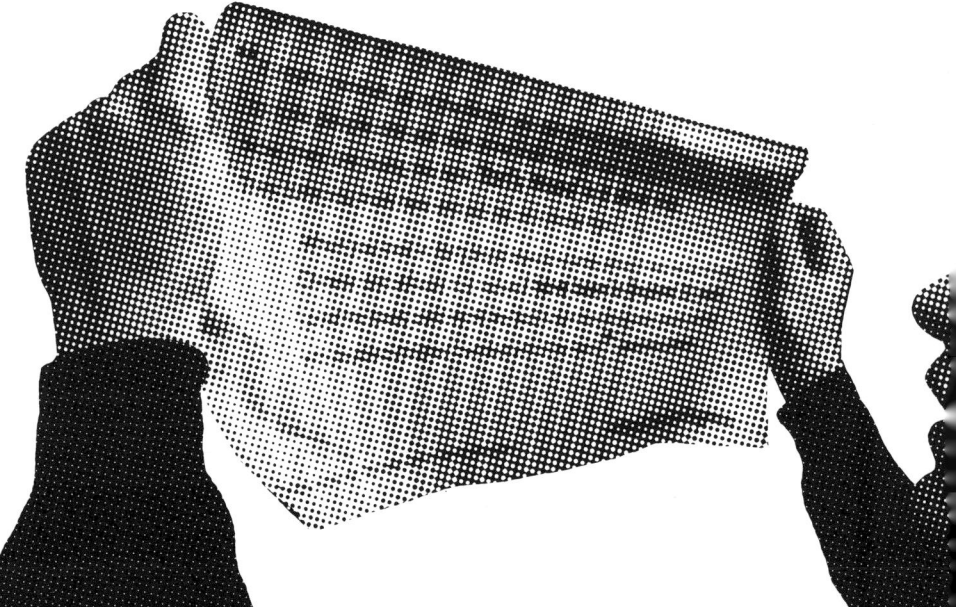

Aufkleber sind eine schnelle Methode, wenn man in Eile ist. Doch Achtung: Das ist nicht legal. Manche Aktivisten vermummen sich, um nicht erkannt zu werden.

Es mag offensichtlich klingen, aber Werbeanzeigen sind nicht alle gleich groß. Denke deshalb daran, die Fläche vorher auszumessen.

Überlege dir genau, wo du deine Zielgruppe ansprechen willst: Öffentliche Toiletten, Züge, U-Bahnen und Pinnwände sind alles erstklassige Orte.

Prüfe, ob du deine Anzeigen über eine bereits vorhandene Anzeige anbringen kannst – wenn Anzeigen abgenommen werden müssen oder du fremdes Eigentum beschädigst, könntest du mit dem Gesetz in Konflikt geraten.

Professionell gedruckte Anzeigen halten länger – sei bei deiner Botschaft mutig und originell, halte das Design jedoch scharf und präzise.

Verhalte dich unverdächtig – führe das Werbehacking zur ruhigsten Tageszeit durch.

Sorge für einen Hype, indem du deine „Werke" in den sozialen Medien teilst. Du wirst staunen, wie schnell sich Worte verbreiten können.

UND DENKE IMMER DARAN ...

# DU SCHREIBST

# GESCI

Von Protestschildern bis Banner, von Schablonen bis Badges sind die
Materialien, die Aktivisten erstellen, nicht einfach nur Kunstwerke. Sie
sind Artefakte der Veränderung. Dokumentiere deine Werke, indem du
sie fotografierst. Sie könnten eines Tages für andere zu Ikonen und
Inspirationsquellen werden.

# DIE GESCHICHTE EINES EINFACHEN ROTEN QUADRATES, DAS ZU EINEM SYMBOL DES WIDERSTANDS WURDE

**Deine Mission mit einem markanten Symbol zu verbinden ist eine bewährte Methode, um mit Verbündeten in Kontakt zu treten und deine Botschaft zu verbreiten. Für Studentenaktivisten in Quebec wurde ein einfaches rotes Quadrat zu einem Symbol, das die Aufmerksamkeit einer ganzen Nation erregte.**

Im Jahr 2012 wurde die Provinz Quebec an der Ostküste Kanadas Zeuge eines Studentenaufstandes, einer Streikwelle, von Protesten und Aktivismus, die dadurch herbeigeführt wurden, dass die Regierung beabsichtigt hatte, eine Erhöhung der Studiengebühren um 75 % über einen Fünfjahreszeitraum einzuführen. Studierende weigerten sich, zu ihren Vorlesungen zu gehen, und ganze Campusse waren menschenleer.

Was zunächst als Reaktion auf eine konkrete Politik begann, wurde in Windeseile weitaus mehr: Andere Gruppen, die sich ausgegrenzt und im Stich gelassen fühlten, schlossen sich zusammen, um ihre Solidarität zu zeigen und das Anliegen auszuweiten.

Studierendenvereinigungen sammelten Beschlüsse und trafen Entscheidungen in direkter Demokratie, stellten sich einer Regierung entgegen, die in Korruptionsskandale verwickelt war, und in den Augen der Öffentlichkeit alles andere als demokratisch und fair dastand.

Diese Aktivismuswelle wurde zum Synonym für Bilder polizeilicher Unterdrückung, kreativer direkter Aktionen und zehntausender Quebecer, die monatelang auf die Straße gingen, um sich Gehör zu verschaffen. Doch kein Symbol symbolisierte den Geist der Bewegung so sehr wie das einfache rote Quadrat.

„Das Quadrat gab es von Anfang an; es war stets das Symbol für den Studentenkampf", erklärt Béatrice Chateauvert-Gagnon via Skype aus Montreal.

2012 war sie dort aktiv daran beteiligt und hatte sich für die Sache stark gemacht. Dieses schlichte Symbol für Widerstand war 2005 zum ersten Mal bei einem kleineren Studierendenaufstand zum Einsatz gekommen. Doch sieben Jahre später verselbstständigte es sich richtig. Das oftmals aus Filz bestehende und auf Kleidungsstücke genähte Symbol verbreitete sich schnell. Studierendenvereinigungen verteilten sie scharenweise. Und weil das rote Quadrat so einfach herzustellen war, nähten es viele Menschen auch einfach selbst.

Studierende und ihre Anhänger steckten kleine rote Quadrate an ihren Jackenaufschlag, während die Quadrate in Colleges und in ganzen Gemeinden in vergrößerter Form hinter Fensterscheiben und in Schaufenstern von Menschen platziert wurden, die ihre Unterstützung zeigen wollten. Das Quadrat wurde zu einem öffentlichen Zeichen des Widerstands, einer subtilen, jedoch unmissverständlichen Missachtung. Ob man das Quadrat im Parlament, im Fernsehen oder beim Einkaufen trug – die Farben wurden buchstäblich wie eine Flagge vorangetragen.

„2012 wurde das rote Quadrat mit dem Ausdruck „Wir stecken in den roten Zahlen" in Verbindung gebracht – damals als Studenten hatten wir kein Geld; unsere Bankkonten waren im Minus. Die Farbe Rot verkörperte auch die tief sitzende Wut, die die Studenten gegenüber der Regierung verspürten", erklärt Béatrice. „Ein Quadrat auf seiner Kleidung zu tragen, würde eine Diskussion auslösen. Es würde Menschen dazu bringen, miteinander zu reden; sie könnten dich angreifen oder ihre Unterstützung zeigen." Wie auch immer eine Diskussion endete ... dieses kleine Stück Stoff konnte sie anstoßen.

Es dauerte nicht lange, bis das rote Quadrat so mächtig geworden war, dass diejenigen, die gegen das eintraten, wofür die Aktivisten standen, ihr eigenes Symbol hervorbringen wollten – ein grünes Quadrat, das eine Minderzahl von Studenten trug, die dadurch ihre Ablehnung des Widerstands zeigen wollten. In der Zwischenzeit folgten Studenten der britischen Universität Sussex dem Beispiel der kanadischen Studenten und setzten bei ihren eigenen Kampagnen auf dem Campus gelbe Quadrate ein.

Als die Proteste voranschritten, verstärkten sich die Spannungen, und das Symbol verbreitete sich über seine vier Ecken hinaus. „Menschen sahen die Quadrate vor Ort und fotografierten sie. Später wurden diese Fotos ausgestellt", erinnert sich Béatrice.

„Aktivisten blockierten die Metro, um Verzögerungen im Fahrplan zu verursachen, oder hielten Die-ins ab und waren dabei komplett rot gekleidet."

Das Symbol war zum Synonym der Bewegung geworden, und bald darauf war die Farbe Rot – und somit auch die Bewegung – überall zu sehen.

Heute ruft das rote Quadrat gemischte Gefühle in Quebec hervor: ein bittersüßes Symbol der Höhen und Tiefen, die die Aktivisten durchlebt hatten und die noch immer an ihnen kleben. „Das rote Quadrat wurde zu einem internationalen Symbol des Studentenwiderstands. Doch hier wird es mit einem historischen Zeitpunkt, mit Nostalgie in Zusammenhang gebracht", meint Béatrice, „Es soll aber auch an die Kämpfe erinnern, die wir führten und sowohl gewonnen als auch verloren haben."

Es kam in Quebec zu einem Regierungswechsel und die geplante Erhöhung der Studiengebühren um 75 % stand nicht mehr zur Debatte.

„Für mich wird das rote Quadrat immer ein Symbol für einen Moment der Freiheit und des Ungehorsams sein – der Ungehorsam einer Generation, die sich politisch engagierte und Nacht für Nacht auf die Straße ging und dabei ihr Leben riskierte. Und wer weiß ... vielleicht kommt es eines Tages sogar zurück."

# GEHE AUF DIE STRASSE

Schnapp dir ein Protestschild
und marschiere los

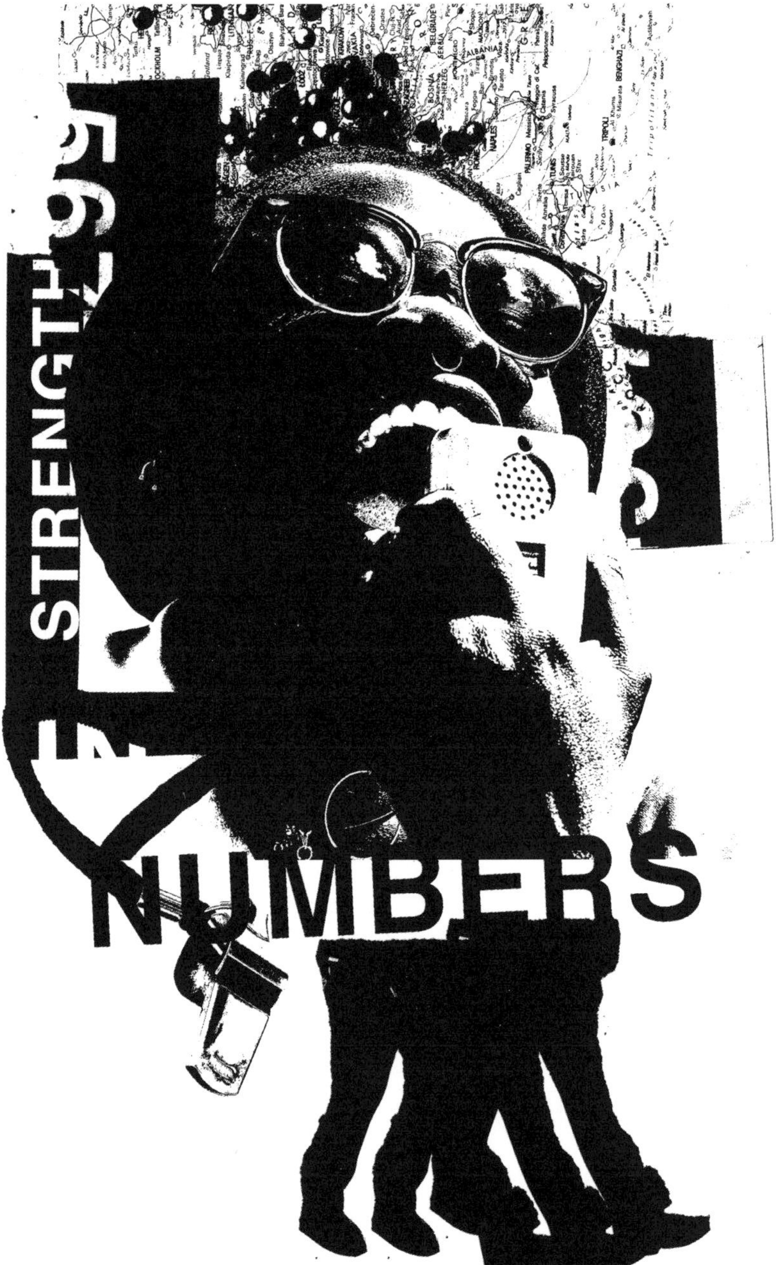
STRENGTH
NUMBERS

# EINLEITUNG
—

Auch wenn es stimmt, dass es keine Patent-
lösung für das Vorantreiben einer Sache und
auch keine einzelne Taktik gibt, die einen Sieg
garantiert, sind Demonstrationen das A und O
von Aktivistenbewegungen. Es hat etwas Stär-
kendes – fast Magisches – an sich, wenn man
in einer Demokratie auf die Straße geht und
die öffentlichen Wege, auf denen man so ent-
langmarschiert, zurückerobert.

Internationale Bewegungen und nichtstaatliche Organisationen halten manchmal Massen-
demonstrationen ab, an denen man teilnehmen
kann. Doch die stärkste und spontanste
Demonstration in jüngster Zeit ging aus Basis-
kampagnen hervor.

Von Kundgebungen mit einer Handvoll Menschen, die in einer ruhigen Seitenstraße enden,
bis hin zu Protesten, bei denen Tausende gemeinsam marschieren: Es macht stark, wenn
man gemeinsam geht.

# Wähle den Zeitpunkt wohlüberlegt aus

Timing ist – wie immer – alles. Wochenenden könnten naheliegend scheinen. Doch bedenke, dass mögliche Teilnehmende dann nicht vor Ort sind, und auch Machtpersonen ganz sicherlich nicht arbeiten werden … wer soll also dann auf deine Aktion aufmerksam werden?

Lebst du in der Stadt, können sich die frühen Abendstunden prima dafür eignen, vor allem wenn das Thema Dringlichkeit hat. Du solltest auch nachsehen, ob größere Sportveranstaltungen, gesetzliche Feiertage und andere geplante Events in der Nähe anstehen, um zu vermeiden, dass mögliche Unterstützer anderweitige Verpflichtungen haben. Es geht darum, Leute vor Ort für sich zu gewinnen.

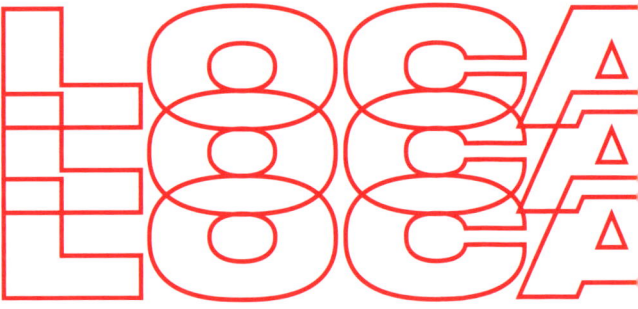

Überlege dir genau, wo sich die Menschen versammeln sollen, und finde einen Ort, an dem sie sich treffen können, bevor sie von A nach B marschieren. Denke auch daran, dass du herausfindest, ob sich der gewählte Schauplatz in öffentlichem oder privatem Besitz befindet. Das Gesetz legt fest, dass jeder Mensch das Recht hat, sich mit anderen Personen an öffentlichen Plätzen zu versammeln. Steht man allerdings auf einem Privatgrundstück, kann man ohne Vorwarnung vertrieben werden (siehe Kapitel 6).

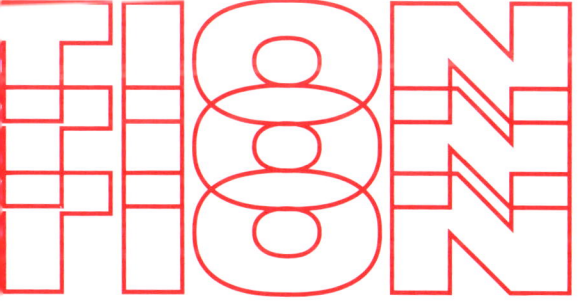

Plane deine Route, und wenn du sichtbar sein möchtest, dann halte dich an die belebtesten Straßen. Demonstrationen und Märsche sollen Unruhe stiften. Hast du allerdings deine Pläne im Voraus mitgeteilt und machst du an diesem Tag auch deine Absichten deutlich, wird sich die „Belästigung" für andere in Grenzen halten. Leiste Vorarbeit, dann werden Außenstehende auf die Hupe drücken und ihre Unterstützung zeigen, anstatt sich darüber zu ärgern.

# Bringe die Leute zum Reden

Stehen Ort, Tag und Uhrzeit fest, kannst du deine Demonstrationsveranstaltung bekannt geben. Erstelle auf Facebook eine Veranstaltung und lade deine Freunde, deine Familie und weitere Unterstützer deiner Sache dazu ein. Du solltest deine Erwartungen allerdings nicht zu hoch schrauben – nicht jeder, der bei einer Facebook-Veranstaltung auf „Nehme teil" klickt, taucht auch tatsächlich an diesem Tag auf.

Schließe dich mit Organisationen zusammen, die möglicherweise eigene Zielgruppen für sich gewonnen haben. Verfasse eine Pressemitteilung (siehe Kapitel 3) und schicke diese per E-Mail sowohl an lokale als auch überregionale Nachrichtenseiten und -sender.

Lokalzeitungen und regionale Nachrichtenseiten sind immer auf der Suche nach Geschichten. Versuche deshalb, über die Vorbereitungsphase deiner Demonstration zu berichten – dadurch wird die Nachricht bereits im Voraus verbreitet. Poster und Flyer sind vielleicht veraltet, aber sie sind noch immer eine hervorragende Möglichkeit, Interesse zu wecken, wenn du willst, dass deine Demonstration ein Erfolg wird.

## INFO

Bilde ein Team aus zuverlässigen Personen, die dir zur Hand gehen können (WhatsApp-Gruppen sind eine hervorragende Möglichkeit, in Kontakt zu bleiben) und teile jedem eine bestimmte Rolle zu. Denke daran, dass ihr euch vor Beginn der Demonstration trefft und im Anschluss daran eine Nachbesprechung abhaltet.

# Die Must-haves einer Demonstration

Der Endpunkt einer Demonstration ist ein spannender Höhepunkt, eine Gelegenheit, sich neu zu gruppieren und die Community zu mobilisieren.

Vielleicht möchtest du Menschen bitten, von einem Podium zu sprechen. Und solltest du das tun, musst du einen Weg finden, damit sie auch gehört werden. Hier ist eine Checkliste.

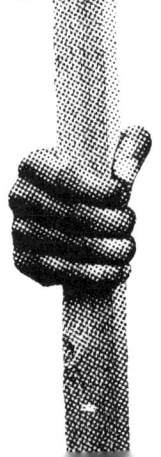

Lade eine Reihe von Sprechern ein, die infrage
kommen und Unterstützung versprechen.
Gib ihnen einen Zeitrahmen vor und halte dich daran.

Finde einen Moderator.

Bestimme jemanden, der den Kontakt zur Presse hält,
um deine Botschaft nach außen zu tragen,
und jemanden, der die Polizei kontaktiert und mit
den Polizeibeamten an diesem Tag kommuniziert.

Denke an Zugänglichkeit:
Ist deine Route rollstuhlgerecht?

Organisiere ein paar Straßenkünstler, um die Menge zu
Beginn oder am Ende der Demonstration zu unterhalten.

Drucke sicherheitshalber Festnahmekarten aus
(siehe Seite 143).

Erstelle ein Hashtag, wenn du möchtest,
dass deine Nachricht auf Interesse stößt.

Ist die Route kompliziert, fertige Landkarten an
und verteile sie.

Gib Ordnern Warnwesten, um der Menge
den Weg zu zeigen und auf den Verkehr zu achten.

Besorge dir sicherheitshalber einen Verbandkasten.

Nimm ein Megafon oder Mikrofon mit –
es ist wichtig, gehört zu werden.

Trillerpfeifen oder Trommeln? Errege Aufsehen.
Singen ist auch eine hervorragende Möglichkeit,
Menschen zu begeistern.

Achte darauf, dass jemand Fotos und Videos
macht und diese dann in Echtzeit online stellt.

# Überprüfe deine visuellen Botschaften

In Kapitel 4 ging es um Demonstrationskunst in all ihren schönsten Formen. Doch jede Demonstration benötigt eine starke Botschaft. Teilnehmende dazu zu ermuntern, kreativ zu sein und ihre eigenen Beiträge mit einzubringen, ist zwar großartig, aber wenn du möch test, dass ein Slogan oder ein Bild regelmäßig wiederholt wird, lass es sie vorher wissen. Visuelle Botschaften sind entscheidend.

Eine sinnvolle Möglichkeit, um zu garantieren, dass deine Botschaft gehört wird, ist, sie auf ein straßenbreites Banner zu drucken. Auf Bildern wird das gut aussehen und das Banner liefert eine eindeutige Erklärung dazu, weshalb demonstriert wird. Mit einem solchen Banner kannst du auch deine Gruppe in Schranken halten und im Auge behalten, wie schnell die Menschen gehen: Kommt es hinter einem Banner zum Stillstand, haben alle Zeit, sich neu zu gruppieren.

Obwohl es sich immer lohnt, Solidarität und Unterstützung von anderen Gruppen anzunehmen, solltest du darauf achten, dass die Gruppen deine Demonstration nicht für ihre Absichten nutzen. Es empfiehlt sich, bestimmte Gruppen darum zu bitten, dass sie ihre Protestschilder nicht mitbringen, wenn sie für deine Sache und Aktion nicht von Bedeutung sind.

# Ein bisschen Recht

Nach deutschem Recht bist du, wenn du eine öffentliche Demonstration unter freiem Himmel organisierst, dazu verpflichtet, der zuständigen Behörde mindestens 48 Stunden vor der Einladung zu der Demonstration eine Anmeldung über die Demonstration zu übermitteln. Das gilt nur, wenn du der Organisator bist; hast du nur vor, daran teilzunehmen, oder trägst du zur Ausarbeitung von Plänen bei, musst du dir keine Sorgen machen. Manchmal sind Demonstrationen sehr spontan und es bleibt weniger Zeit für die Planung. In diesem Fall werden die Demonstrationen als Spontan- oder Eilversammlung bezeichnet, und die Anmeldung ist dann so schnell wie möglich vorzunehmen.

Die Polizei wird den Tag und die Uhrzeit der Demonstration, die Route, die du nehmen wirst, sowie die Namen und Adressen der Organisatoren wissen wollen.

Sie sind dazu befugt, wenn ansonsten die öffentliche Sicherheit oder Ordnung gefährdet werden würde, die Route einzuschränken oder zu ändern, und sie dürfen gegebenenfalls Bedingungen für deine Demonstration festlegen. Unter gewissen Umständen ändern sie auch den Standort, begrenzen die Teilnehmerzahl oder gebieten einem Sitzprotest Einhalt, wenn er den Straßenverkehr behindert oder Bürgersteige blockiert.

Findet deine Demonstration in geschlossenen Räumen statt, musst du sie nicht anmelden.

## INFO
—

Rechtsbeobachter sind geschulte freiwillige Helfer, die sich für die Rechte von Aktivisten einsetzen. Sie bieten eine grundlegende Rechtsberatung und sind unabhängige Zeugen des Verhaltens der Polizei bei Demonstrationen. Bestimme geschulte Personen und stecke sie in hochsichtbare Jacken. Diese werden vor Ort deine Augen und Ohren sein, sollte etwas nicht nach Plan verlaufen. Möchtest du auch ein Rechtsbeobachter werden, dann frage doch mal bei den Aktivistennetzwerken in deiner Nähe nach. Vielleicht führen sie Schulungen durch. (Für weitere Informationen zur Rechtsberatung siehe Kapitel 6.)

UND DENKE IMMER DARAN ...

# EINE

# COMMU

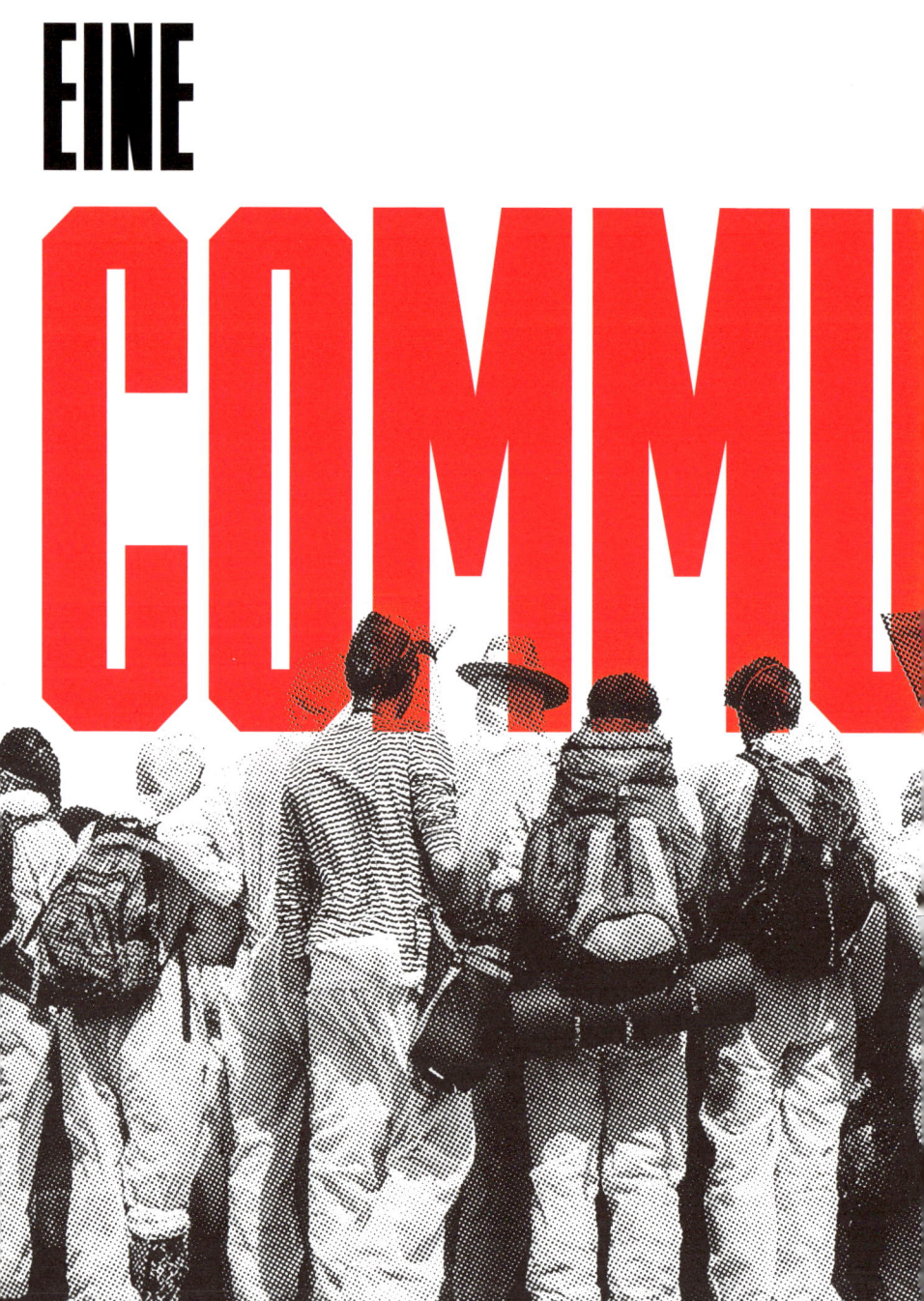

# NITY ENTSTEHT

Märsche und Massenkundgebungen sind nicht nur eine Demonstration der Entschlossenheit, sondern auch eine Gelegenheit, sich
mächtig zu fühlen, gleichgesinnte Menschen zu treffen und ein
fortdauerndes Netzwerk zu schaffen. Lasse nicht zu, dass sich
der Schwung verliert. Vielleicht entscheidest du dich dafür, eine
weitere Kundgebung abzuhalten, nachdem die Demonstration zu
Ende ist. Bitte die Ordner darum, die Menschen nach ihrem Namen
und ihren Kontaktdaten zu fragen, um sie über künftige Pläne auf
dem Laufenden zu halten und vielleicht im Anschluss ein Treffen
zu organisieren.

# WIE DER MARSCH DER FRAUEN AUF WASHINGTON WELTWEIT BEDEUTUNG ERLANGTE

**An einem sonnigen Samstag im Januar 2017 wurde eine der größten weltweit gleichzeitig stattfindenden Demonstrationen der Geschichte an über 600 Standorten auf der ganzen Welt abgehalten. Grund war der Widerstand gegen eine steigende Flut von rassistischen und sexistischen Äußerungen, die durch die Wahl von Donald Trump zum US-Präsidenten noch geschürt wurden. Alles begann mit einem einzigen Post auf Facebook und einer Gruppe von Neulingen, die gehört werden wollten.**

Am 8. November 2016, als die Ergebnisse der US-Präsidentschaftswahl bekannt wurden – ein Bundesstaat in roter Schrift nach dem anderen –, setzten sich enttäuschte Menschen auf der ganzen Welt vor ihre Computer und suchten Trost. Sie schlossen sich mit Gleichgesinnten zusammen und wollten gegen die sexistische Rhetorik, die der neu gewählte US-Präsident Donald Trump und seine Anhänger verbreiteten, demonstrieren. Trump bezeichnete Frauen als hässlich und äußerte, dass Abtreibungen „strafbar" sein sollten. Zudem verriet eine zugespielte Aufnahme, wie der zukünftige Präsident damit prahlte, Frauen zwischen die Schenkel gegriffen zu haben. Entrechtete Frauen suchten nach einem Ventil für ihre Wut – Massenkundgebungen, an denen sie teilnehmen konnten, um ihre Ablehnung gegen die neue Regierung zu zeigen.

Die in New York lebende Chefköchin Breanne Butler war eine davon. Als sie sich am Abend nach der Wahl in Facebook einloggte, sah sie einen Post von der Freundin einer Freundin namens Bob Bland. Diese wollte für den Tag nach Trumps Amtseinführung am 21. Januar einen Marsch auf Washington organisieren.

Breanne schrieb Bob: „Wie kann ich helfen?" Bob schrieb sofort zurück: „Du musst für uns in jedem US-Bundesstaat Facebook-Seiten für eine Demonstration erstellen."

„Als ich mich daran beteiligte, bestätigten nur ein paar tausend Personen die Teilnahme", erklärt Breanne, „aber bis zu jenem Wochenende lag die Zahl dann im sechsstelligen Bereich. Und sie stieg immer weiter. Ich dachte, Facebook würde zusammenbrechen." Auch immer mehr Menschen boten ihre Hilfe an. Breanne erinnert sich: „Wir hatten nicht die Zeit dafür, Menschen aufzuhalten und sie zu befragen oder ihre Biografie zu überprüfen; es lief eher so ab: ‚Geht es dir gut? Super. Möchtest du mitmachen?' Es waren einfach ganz gewöhnliche Leute, die sich der Herausforderung stellten."

Kurz nach Ankündigung der Demonstration, die zu diesem Zeitpunkt aus dem *Million Woman March* (Marsch der Millionen Frauen) – ein Name, der bereits von einer Demonstration gegen die Diskriminierung von Afroamerikanern aus dem Jahr 1995 übernommen wurde – entstanden war und nun den Titel *Women's March on Washington* (Marsch der Frauen auf Washington) trug, wurden auch ähnliche Veranstaltungen weit über die US-Grenzen hinaus organisiert. Nachdem sie gerade einmal 24 Stunden dabei war, antwortete Breanne bereits auf E-Mails von fremden Personen, die einen Marsch der Frauen auf London, einen Marsch der Frauen auf Toronto und ähnliche Veranstaltungen in Genf und Oslo organisieren wollten.

In Rom war eine US-Bürgerin namens Elizabeth Farren „aus Verzweiflung über das Wahlergebnis" auf den Marsch auf Washington gestoßen und trat mit einer Frau in Kontakt, die sie auf der Wahlnachtsparty der US-Demokraten im Ausland kennengelernt hatte. Sie hoffte dadurch, in Italien eine Massenkundgebung für im Ausland lebende US-Bürger organisieren zu können. In Melbourne wollte sich eine amerikanische Lehrerin namens Melissa Goffin ein Flugticket kaufen, um am Marsch auf Washington teilzunehmen. Doch weil es zu teuer war, entschied sie sich dafür, in Australien eine eigene Demonstration zu organisieren.

In Kenia trat die dort lebende US-Bürgerin, Mitarbeiterin der Menschenrechtsorganisation Human Rights Watch und zweifache Mutter Neela Ghoshal einer Gruppe mit dem Namen *Progressive Americans in Kenya* (Emanzipierte Amerikanerinnen in Kenia) bei. Diese setzte sich für US-Bürgerinnen ein, die wütend über das Wahlergebnis waren und „in Nairobi nicht isoliert dasitzen" wollten. Sie organisierten ebenfalls eine Massenkundgebung. In der Zwischenzeit las Lotta Kuylenstierna in Stockholm über den Marsch auf Washington. Sofort machte sie sich daran und erstellte ihre eigene Facebook-Seite. Als sie die US-Organisatorinnen kontaktierte, hatte sie bereits die Polizei angerufen und ebenfalls um eine Genehmigung gebeten.

Diese Märsche schafften eine Plattform für radikales Denken. Doch sie handelten auch von unterschiedlichen Gruppen, die zusammenkamen und voneinander lernten. Bei den Märschen, an denen weltweit Millionen Menschen teilnahmen, standen Frauen, Männer und Kinder aus allen Gesellschaftsschichten geschlossen auf der Straße oder – wie im Kenia – in einem Wald.

Diese Solidaritätsbekundungen sind ein leuchtendes Beispiel dafür, wie Märsche bei so vielen Menschen einen Schalter umlegen können. Was als Gefühl der Entrechtung und Hoffnungslosigkeit begann, wurde zu einer gewaltigen Demonstration von Stärke, nur weil sich Menschen dazu entschlossen hatten, Farbe zu bekennen.

# KENNE DEINE RECHTE

## Sei auf alles gefasst

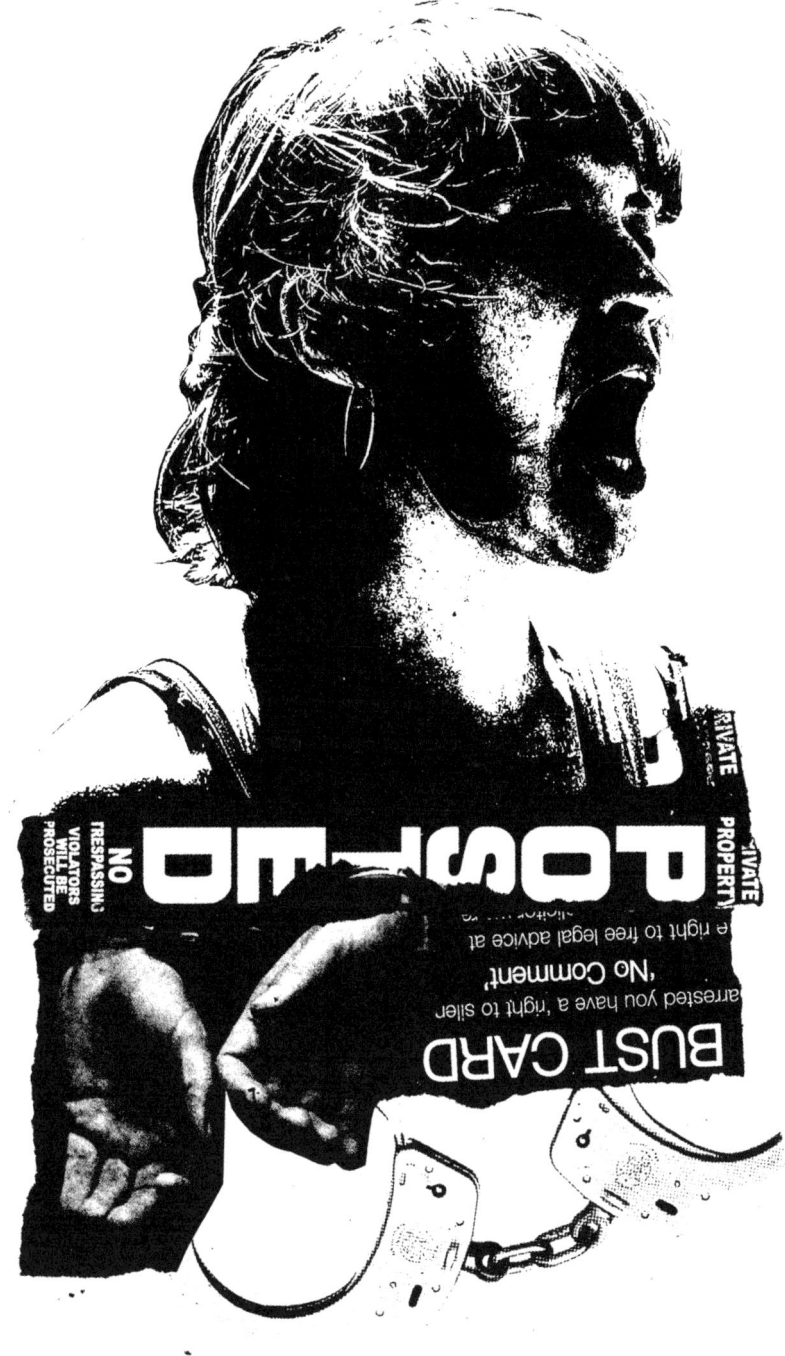

# EINLEITUNG
—

Sich im Kollektiv zu organisieren und in Form einer Bewegung aktiv zu werden, kann eine einschneidende Lebenserfahrung sein. Es verleiht einem ein Gefühl von Empowerment und Hoffnung, was buchstäblich ins Blut gelangt und noch lange durch den ganzen Körper fließen wird. Veränderungen werden jedoch nicht immer von den jeweils Verantwortlichen begrüßt. Stößt man auf Unterdrückung und Gewalt, werden einem nicht nur körperliche Narben zugefügt; eine falsche Bewegung, und die neu entdeckte Stärke wird einem aus den Händen gerissen. Darum ist es so wichtig, vorbereitet zu sein und seine Rechte zu kennen.

# Unsere Rechte gehen über alles

Während unser Demonstrationsrecht in der heutigen Gesetzgebung schon im Grundgesetz (siehe Artikel 8 GG) verankert ist, mussten die Menschen in Europa im Laufe der Geschichte für die Ausübung dieser Freiheitsrechte eintreten.

Die Europäische Menschenrechtskonvention legt nun unser Recht auf freie Meinungsäußerung sowie unser Recht auf Versammlungsfreiheit fest, obwohl der Staat im Laufe der Zeit Gesetze und Verordnungen erlassen hat, um uns hier und da zu bremsen.

Abgesehen davon kann, wenn man seine Rechte kennt und weiß, wo man Unterstützung findet, die Ausübung dieser Freiheitsrechte ein Leichtes sein.

DISCLAIMER

DAS GESETZ IST EINE HERZLOSE BESTIE KONSULTIERE STETS EINEN ANWALT, WENN DU EINE RECHTSBERATUNG BRAUCHST

# Kenne die Eigentums- verhältnisse von Grund und Boden

Wenn es darum geht, wo man sein Demonstrationsrecht ausüben darf, ist es wichtig zu wissen, wem der Grund und Boden gehört, auf dem man steht.

Die meisten Grundstücke, die im Besitz von Gemeinden, einem Bundesland oder der Bundesrepublik sind – dazu zählen auch öffentliche Verkehrswege –, sollten für Demonstrationen und Märsche zugänglich sein.

Möchtest du unliebsame Überraschungen vermeiden, solltest du vorab mit den zuständigen Behörden sprechen … nur für den Fall, dass es Ortssatzungen oder bestimmte Abläufe gibt, die man befolgen muss und die einem den Zugang verwehren könnten. In der Praxis dürfen wir uns jedoch ohne größere Probleme auf öffentlichem Gelände versammeln.

Es ist nicht immer sonnenklar, ob sich ein Stück Land in Privatbesitz befindet oder nicht. In den letzten Jahren wurden in vielen Städten und Gemeinden zahlreiche öffentliche Grundstücke an den Höchstbietenden verscherbelt.

Man kann es sich als eine Art Garten hinterm Haus eines Fremden vorstellen: Auf Grundstücken, die Unternehmen oder Privatpersonen gehören, dürfen wir nur selten demonstrieren. Möchte man also eine Kundgebung oder eine Demonstration von A nach B veranstalten, muss man sich vorher vergewissern, wer welches Grundstück besitzt, indem man seine Gemeinde oder das Grundbuchamt kontaktiert.

Laut § 303 des Strafgesetzbuchs (StGB) gilt das Beschädigen oder Zerstören fremden Eigentums als Straftat. Nach § 123 StGB ist auch Hausfriedensbruch strafbar. Denke deshalb gut nach, bevor du an einer Aktion teilnimmst, die zu diesem Ergebnis führt. Die Gerichte entschieden, dass Graffiti – selbst mit wasserlöslicher Farbe – einen Schaden verursacht und unter § 303 StGB fallen kann.

Höchststrafen hängen vom Schadenswert ab. Als Verteidigung gilt, wenn man zeigt, dass man ohne „Vorsatz", d.h. ohne „Wissen und Wollen" handelte.

# Betreten oder nicht betreten?

In einem Supermarkt darf man die Gänge entlanglaufen und sich seine Lebensmittel aus den Regalen nehmen. Es gibt einem jedoch nach dem Gesetz nicht das Recht, im Laden alles machen zu dürfen, was man will. Auf einem privaten Grundstück zu demonstrieren könnte allerdings die Taktik sein, für die man sich entscheidet, vor allem, wenn man auf ein Unternehmen abzielt und möchte, dass die Aktion Aufsehen erregt.

Ein Grundstückseigentümer kann einem schnell die erteilte Genehmigung entziehen, auf seinem Grundstück demonstrieren zu dürfen – und sollte er es tun, würde man das Grundstück widerrechtlich betreten.

Ein Supermarktleiter zum Beispiel könnte dich bitten, das Geschäft zu verlassen, wenn du darin eine Demonstration veranstalten würdest.

Obwohl unbefugtes Betreten nicht immer eine Straftat darstellt, dürfen Grundstückseigentümer Unbefugte mit Gewalt vertreiben und in manchen Fällen Schadenersatz gerichtlich einfordern.

Sollte man sich allerdings weigern, das Grundstück auf Aufforderung hin zu verlassen, ruft der Eigentümer in der Regel einfach die Polizei. Folgt man dann den Anweisungen des Polizeibeamten nicht, kann man verhaftet werden.

## INFO

Lange Zeit haben Aktivisten die Besetzung als Taktik angewandt, um Plätze zurückzufordern, Aufmerksamkeit zu erregen und eine Grundlage für ihr Anliegen zu schaffen. Vom juristischen Standpunkt aus gesehen ist das eine ganz andere Sache. Deshalb: Mache deine Hausaufgaben und überprüfe das Literaturverzeichnis in diesem Buch bzw. befrage einen Rechtskundigen, bevor du dein Lager aufschlägst.

# STOPP IM NAMEN DES GESETZES!

# Aufhalten und Rechenschaft ablegen

Es kann passieren, dass man von der Polizei aufgehalten und gefragt wird, wo man war, was man getan hat und mit wem. Die Polizei hat keine Sonderbefugnis dazu, jemanden aufzuhalten und auf diese Art und Weise Rechenschaft über sich selbst ablegen zu lassen. Man muss ihre Fragen nicht beantworten oder antwortet einfach nur mit „Dazu sage ich nichts", wenn man möchte. Seinen Namen und seine Adresse, d.h. die sogenannten Personalien, müssen dagegen mitgeteilt bzw. durch einen Personalausweis nachgewiesen werden. Man kann verhaftet werden, wenn man sich weigert, Angaben zur Person zu machen, oder falsche bzw. irreführende Angaben macht.

# Aufhalten und durchsuchen

Man kann von einem Polizeibeamten durchsucht werden, wenn dieser vermutet, dass man etwas Illegales oder etwas bei sich trägt, mit dem man eine Straftat begehen könnte. Polizeibeamten müssen vor der Durchsuchung den Grund erläutern.

# Sonderbefugnisse der Polizei
## Gefahr im Verzug

Im Falle der „Gefahr im Verzug" können bestimmte Maßnahmen ohne einen ansonsten vorgesehenen Beschluss durch einen Richter, durch die Staatsanwaltschaft oder auch die Polizei angeordnet werden.

Gefahr im Verzug ist gegeben, wenn die Einholung eines richterlichen Beschlusses den Ermittlungserfolg verhindern oder gefährden würde, also ein „Eilfall" vorliegt.

Gefahr im Verzug spielt eine Rolle bei körperlichen Durch-suchungen bei Beschuldigten (§§ 81 a ff. StPO), bei Zeugen (§ 81 c StPO), Beschlagnahmen (§ 94, §§ 98 ff. StPO) oder Durchsuchungen (§§ 102 ff. StPO).

# Die vier Ws ...

Wird man gemäß einem dieser Befugnisse aufgehalten und durchsucht, sollte man – wenn möglich – jemanden hinzuholen, der das Gespräch mit der Polizei aufzeichnet und die Antworten des Polizeibeamten auf folgende Fragen notiert:

## WARUM
Warum halten Sie mich fest und mit welcher Begründung?

## WAS
Was suchen Sie?

## WER
Wer sind Sie?
– Frage den Polizeibeamten nach seinem Namen, seinem Dienstausweis und seiner Behörde.

## WO
Wo kommen Sie her?
– Welcher Polizeidienststelle gehört der Polizeibeamte an?

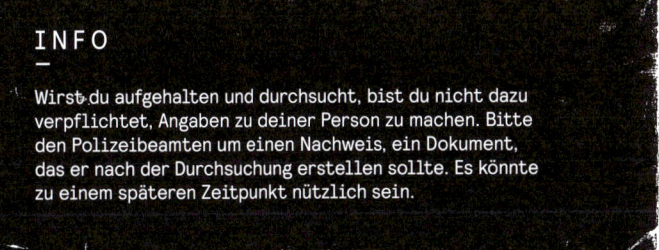

INFO
—

Wirst du aufgehalten und durchsucht, bist du nicht dazu verpflichtet, Angaben zu deiner Person zu machen. Bitte den Polizeibeamten um einen Nachweis, ein Dokument, das er nach der Durchsuchung erstellen sollte. Es könnte zu einem späteren Zeitpunkt nützlich sein.

# Vermummung

Manchmal wünschen sich Aktivisten, sie könnten ihre Identität verbergen. Und das hat unterschiedliche Gründe. Gilt eine Befugnis nach § 17 a II Versammlungsgesetz (VersammlG), die so auch in den meisten Bundesländern übernommen wurde, dürfen Polizeibeamte darauf bestehen, dass jegliche Gesichtsverhüllung, wie eine Maske oder Sturmhaube, die in erster Linie zur Verbergung der Identität verwendet wird, abgenommen werden muss. Sollte man dieser Aufforderung nicht Folge leisten, kann dies zur Verhaftung führen. Die Polizeibeamten dürfen diese Dinge sicherstellen.

# Die „Festnahmekarte"

Man kann nicht vorhersagen, ob die Polizei bei einer Demonstration von ihren Befugnissen Gebrauch machen wird. Daher lohnt sich die Erstellung von Festnahmekarten. Auf diesem Stück Papier im Taschenformat stehen sowohl juristisches Grundwissen als auch wichtige Kontaktdaten im Falle einer Verhaftung oder Befragung durch die Polizei.

Richte ebenso eine Rechtshotline ein, wenn eine Aktion stattfindet, damit du immer über Polizeiaktionen und Verhaftungen auf dem Laufenden bist.

Kaufe dir eine neue Prepaid-SIM-Karte und lege sie in ein Smartphone.

Bitte jemanden hinter den Kulissen darum, dass er darauf aufpasst und sich während einer Demonstration Notizen macht. Man könnte nämlich Zeugen hinzuziehen, die dann vor Ort die Vorfälle melden.

Achte darauf, dass diese Telefonnummer verbreitet wird und auf Festnahmekarten (siehe oben) steht.

Solche Meldungen bieten eine nützliche Quelle, sollten Fälle vor Gericht landen.

Auf der folgenden Seite ist ein Beispiel für eine Festnahmekarte zu sehen – vergiss nicht, die Lücken auszufüllen.

# RECHTSBERATUNG – VERHAFTUNG

Antworte auf alle Fragen der Polizei mit „DAZU SAGE ICH NICHTS", selbst bei Vernehmungen und „zwanglosen Gesprächen".

Oftmals benötigt die Polizei mehr Beweise und könnte versuchen, eine Person zu täuschen und dazu zu drängen, sich selbst zu belasten.

Man hat auf der Polizeidienststelle das Recht auf eine Rechtsberatung.

NAME DER KANZLEI UND TELEFONNUMMER HIER EINFÜGEN

Man hat das Recht darauf, eine andere Person von seiner Verhaftung in Kenntnis zu setzen sowie ein Anrecht auf einen Dolmetscher, wenn Deutsch nicht die Muttersprache ist.

Wenn man noch minderjährig ist, sollte eine geeignete erwachsene Person herbeigerufen werden.

Wenn man Zeuge einer Verhaftung wird oder Hilfe benötigt, ruft man unsere Rechtshotline an:

TELEFONNUMMER HIER EINFÜGEN

# RECHTSBERATUNG – AUFHALTUNG UND DURCHSUCHUNG

Vor einer Durchsuchung muss der durchsuchende Polizeibeamte seinen Namen und seine Dienststelle sowie den Grund für die Durchsuchung nennen und sagen, nach welcher Befugnis man durchsucht wird.

Man ist nur verpflichtet seine Personalien (Name und Anschrift) mitzuteilen. Ansonsten müssen Fragen nicht beantwortet werden.

Man hat Anspruch auf eine Durchsuchungsbestätigung.

Rechtsbeobachter sind unabhängige, ehrenamtlich tätige Personen, die für jede verhaftete Person Beweismaterial sammeln.

Sie treten auf, um Einschüchterung und Fehlverhalten seitens der Polizei entgegenwirken.

KONTAKTDATEN FÜR RECHTS-BEISTANDSGRUPPEN UND NAME DER AKTIVISTENGRUPPE HIER EINFÜGEN

# Massenkontrolle

Einkesseln (Polizeikessel) bzw. In-Schach-Halten ist eine Technik, die von der Polizei angewandt wird, um große Menschenmengen unter Kontrolle zu bringen. Ein Einkesseln kann für lange Zeit verhängt werden. Wenn man also an einer Demonstration teilnehmen möchte, bei der es zu einem Einkesseln kommen könnte, sollte man Wasser, etwas zu essen, warme Kleidung und sein Smartphone mitnehmen.

Die Aufgabe der Polizei ist es, Pläne auszuarbeiten, um verletzten und Not leidenden Personen zu helfen. Außerdem sollte die Polizei Wasser und Toiletten an Orten zur Verfügung stellen, wo es notwendig und geeignet ist.

# AKTIVISTEN-WÖRTERBUCH

## KESSEL

Das manchmal als Einkesseln bezeichnete In-Schach-Halten ist eine Taktik, die die Polizei anwendet, um Demonstranten an einem bestimmten Ort eine Zeit lang abzuschotten, wenn sie es für notwendig erachtet, um dadurch ein Chaos zu vermeiden oder die öffentliche Sicherheit zu schützen.

## PFLICHTVERTEIDIGER

Pflichtverteidiger sind Rechtsanwälte, die vom Gericht für den Beschuldigten bestellt und bezahlt werden. Sie bearbeiten regelmäßig verschiedene Strafsachen, aber es ist unwahrscheinlich, dass sie sich in den Besonderheiten des Demonstrationsrechts sehr gut auskennen. Sie werden auch nur bestellt, wenn eine Gefängnisstrafe droht.

# Verhaftung droht

Wenn eine Verhaftung droht, ist das belastend und unangenehm ...
selbst wenn man weiß, dass einem die Freiheit aus einem triftigen
Grund genommen wird.

In manchen Situationen beteiligen sich Aktivisten bewusst an
Straftaten und erwarten, in Handschellen abgeführt zu werden.

In anderen Fällen könnte man von der Polizei verhaftet werden,
noch bevor man darüber nachdenken konnte.

1 | **Kein Kommentar** – Ab dem ersten Augenblick, in dem man Kontakt
mit der Polizei hat, kann alles, was man sagt, gegen einen verwendet werden. Wenn man in einem zwanglosen Gespräch nach der
Verhaftung, im Polizeiwagen, bei der Feststellung der persönlichen
Daten und bei jeder Vernehmung die Worte „Dazu sage ich nichts"
äußert, hat das zur Folge, dass man nichts sagt, was man später
bereut oder mit dem man sich selbst oder eine andere Person
belasten könnte.

2 | **Persönliche Angaben** – Schon darüber sollte man mit seinem
Anwalt sprechen. Jedoch muss man immer nur seinen Namen,
seine Adresse und sein Geburtsdatum nennen.

3 | **Finde einen guten Anwalt** – Finde heraus, welche Anwaltskanz-
leien in deiner Gegend oder in der Nähe der Demonstration sich auf
Demonstrationsrecht und Aktivismus spezialisiert haben. Notiere
dir deren Telefonnummer auf deinem Arm für den Fall, dass du verhaftet wirst, da dein Hab und Gut sichergestellt werden kann.

Wird man auf das Recht auf eine gesetzliche Vertretung hingewiesen, sollte man davon auch Gebrauch machen und diese anrufen.

**4 | Welche Befugnis?** – Oftmals vertraut die Polizei darauf, dass Aktivisten das Gesetz und ihre Rechte nicht kennen. Man sollte deshalb die Polizeibeamten immer fragen, nach welcher Befugnis man der Aufforderung Folge leisten soll; ebenso, wenn man verhaftet wird. Die Polizei muss einen davon in Kenntnis setzen. Man sollte sich möglichst zeitnah notieren, wie die Polizeibeamten heißen und was sie sagen.

# Unter 18?
# Dann lies das

Ist man bei der Verhaftung unter 18 Jahre alt, muss ein Erziehungsberechtigter, Vormund oder ein geeigneter Erwachsener angerufen werden. Dieser muss dann bei allen Vernehmungen anwesend sein.

Seine Anwesenheit kann auch bei einer Durchsuchung erbeten werden.

Ist man minderjährig, d.h. unter 18 Jahren, darf die Polizei grundsätzlich dennoch nach § 81 b StPO Finger-abdrücke abnehmen und einen fotografieren.

Allerdings ist bei Jugendlichen eine besondere Risiko-abwägung (Verhältnismäßigkeit!!!) von der Polizei durchzuführen, da einschneidend negative Folgen für Jugendliche vermieden werden sollen. Verlangt also, dass dies geprüft wird und eure Eltern als Zeugen dabei sein dürfen.

# Die Polizei zur Rechenschaft ziehen

Manchmal handeln Polizeibeamte falsch. Doch selbst die Polizei steht nicht über dem Gesetz des Landes. Gerichtsverfahren können schwierig durchzuführen sein. Wenn man also glaubt, unfair behandelt worden zu sein, sollte man sich an einen erfahrenen Rechtsanwalt wenden, der den Fall dann prüft. Wurde man angegriffen oder schlecht behandelt, zu Unrecht verhaftet oder strafrechtlich verfolgt wegen etwas, was man nicht getan hat, kann man möglicherweise eine Zivilklage gegen die Polizei erheben. Dein Anwalt kann dich hierzu am besten beraten.

Du könntest daraufhin eine Entschuldigung, Schadenersatz oder ein Eingeständnis von der Polizei bekommen, dass diese rechtswidrig gehandelt hat. Vielleicht möchtest du auch eine Beschwerde gegen die Polizei einreichen, wenn es keine ausreichenden Beweise geben könnte, damit eine Klage vor Gericht Erfolg hat. Du kannst auch gegen Polizeibeamte Klage einreichen, die sich unverschämt und unprofessionell verhalten haben.

## UND DENKE IMMER DARAN …

# MACH DICH AUF ALLES GE

Es ist nicht immer einfach, bei ungerechten Gesetzen auf der richtigen Seite zu stehen. Selbst wenn doch, gibt es keine Garantie dafür, dass man letztendlich nicht doch eingeschüchtert, verhaftet oder angegriffen wird. Sich ständig über seine Rechte zu informieren ist daher die beste Möglichkeit, um auf alles gefasst zu sein, was einem vorgeworfen wird.

Egal was passiert … denke immer daran zusammenzuhalten: Rückhalt und Solidarität sind von unschätzbarem Wert, wenn man der Allmacht des Gesetzes ins Auge sieht.

# DIE JUGENDAKTIVISTEN, DIE DIE US-REGIERUNG VERKLAGTEN

**Mit 15 beschloss Xiuhtezcatl Roske-Martinez, dass er die Nase voll hatte. Das war 2015. Seine Zukunft – und die seiner Generation – war vom Klimawandel bedroht und jemand musste dafür zur Verantwortung gezogen werden. Dann verklagte er zusammen mit einer Gruppe anderer Jugendlicher die US-Regierung.**

**2017 – zwei Jahre nach der Klageerhebung – ersetzten die Jugendlichen den Namen „Barack Obama" durch „Donald Trump". (Zum Zeitpunkt des Drucks dieses Buches wurde ihr Fall noch immer bearbeitet.) Manchmal ist die einzige Möglichkeit gehört zu werden, Angelegenheiten direkt an die höchste Stelle zu bringen.**

Xiuhtezcatl („shoe-tez-cath" ausgesprochen) ist noch ein Teenager … aber kein typischer. Er ist ein Umweltschützer mit zehn Jahren Erfahrung als Aktivist, ein gefeierter öffentlicher Redner und ein aufstrebender Hip-Hop-Musiker, der in seiner Freizeit die Regierung verklagt.

Das ist ganz schön beeindruckend. Doch Xiuhtezcatl ist nicht das einzige Wunderkind. Als Jugendleiter der Umweltschutzgruppe *Earth Guardians* (Wächter der Erde) ist er einer von zahlreichen jugendlichen Aktivisten, die wahnsinnig selbstbewusst und unerschrocken sind und ein ungeheures Wissen über den Zustand der Erde haben. Zusammen kämpfen sie für eine andere Einstellung der USA zum Klimawandel und versuchen, die tickende Zeitbombe des Umweltchaos zu entschärfen, das ihrer Generation aufgebürdet wurde. Jetzt macht er Gebrauch vom nationalen Recht, um diesen Kampf zu führen.

„Die Erwachsenen haben grandiose Arbeit geleistet, indem sie den Planeten für unsere Generation ruiniert haben. Jetzt müssen wir die Teile aufsammeln und herausfinden, wie sie zusammenpassen", erklärt Xiuhtezcatl. „Und die Erwachsenen gehen früher [von diesem Planeten] als wir. Für sie ist es deshalb ein Leichtes, sich zu drücken und nicht wirklich über das Problem nachzudenken."

Ein Teil der Bewegung erreichte 2015 mit Xiuhtezcatl einen bahnbrechenden Höhepunkt: Einer von 21 jungen Aktivisten verklagte die US-Regierung aufgrund ihrer Untätigkeit. Unterstützt von renommierten Köpfen, u. a. Klimaforscher Dr. James E. Hansen, und der gemeinnützigen Umweltschutzgruppe aus [dem US-Bundesstaat] Oregon lautet die Klage: Der Regierung gelang es nicht, ihrer verfassungsrechtlichen Pflicht nachzukommen, es Kindern zu ermöglichen, mit dem Recht auf Leben, Freiheit und Eigentum sowie in einer gesunden Atmosphäre aufwachsen zu dürfen.

„Der Richter war unglaublich klug und hörte sich an, was wir zu sagen hatten", erinnert sich Xiuhtezcatl. „Er wusste sehr viel über den Grundsatz ‚Vertrauen der Öffentlichkeit'. Dieser ist einer der wichtigen Grundsätze, den wir als Teil der Verfassung vorlegen, um die Bundesregierung [der Vereinigten Staaten] zur Verantwortung ziehen zu können."

Xiuhtezcatl hofft sehr, dass der Fall vor Gericht landet. Für die Gruppe war es bisher jedoch ein schwerer Kampf.

Vertreter der fossilen Brennstoffindustrie reichten im November 2015 einen Antrag auf Klageabweisung ein. Doch ein Bundesgericht in Oregon gab der ‚bahnbrechenden‘ Klage der Jugendlichen statt. 2017 scheiterte ein weiterer Versuch, die Klage abzuweisen.

„Wovor ich ziemliche Angst habe ist, dass, wenn sie die Klage doch noch abweisen, wir Berufung einlegen müssen, und wenn die Berufungsklage abgewiesen wird, wir erneut Klage einreichen müssen. Und das Ätzende daran ist, dass die Klimasituation in ein paar Jahren dermaßen schlecht sein wird … viel schlechter als heute."

Während den Aktivisten von der Organisation *Our Children's Trust* (Vertrauen unserer Kinder) ein Rechtsbeistand zur Verfügung gestellt wird, haben die US-Regierung und die fossile Brennstoffindustrie Riesenkonzerne engagiert, die sie vertreten sollen. Das Ungleichgewicht wäre vermutlich noch größer, würde der Fall vor Gericht landen. Doch wenn man bedenkt, was er in seinen jungen Lebensjahren bisher alles erreicht hat, geht Xiuhtezcatl angemessen locker mit dem Ausmaß der Klage um. Seine nüchterne Antwort auf ein mögliches Scheitern? „Das wäre saublöd."

„Aber gleichzeitig", fährt er fort, „weiß ich, dass wir wieder zurückkommen werden. Wir werden nicht schweigen und wir werden nicht aufgeben. Unsere Stimmen werden auch weiterhin auf der Welt nachklingen, und die Menschen werden erkennen, dass wir es ernst meinen. Wir sind hier und bleiben. Das ist kein Werbegag. Wir kämpfen um unsere Zukunft – auf den Straßen und vor den Gerichten, in unseren Gemeinden und unseren Schulen. Wir erobern die Welt im Sturm. Die Welt ist wahrscheinlich noch nicht bereit für uns."

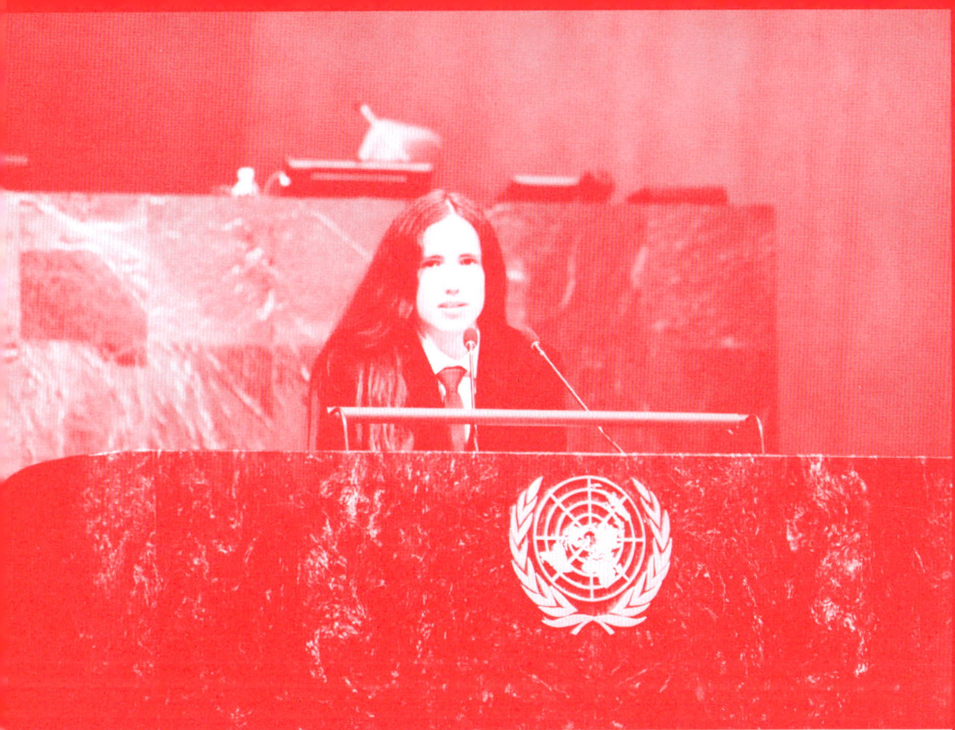

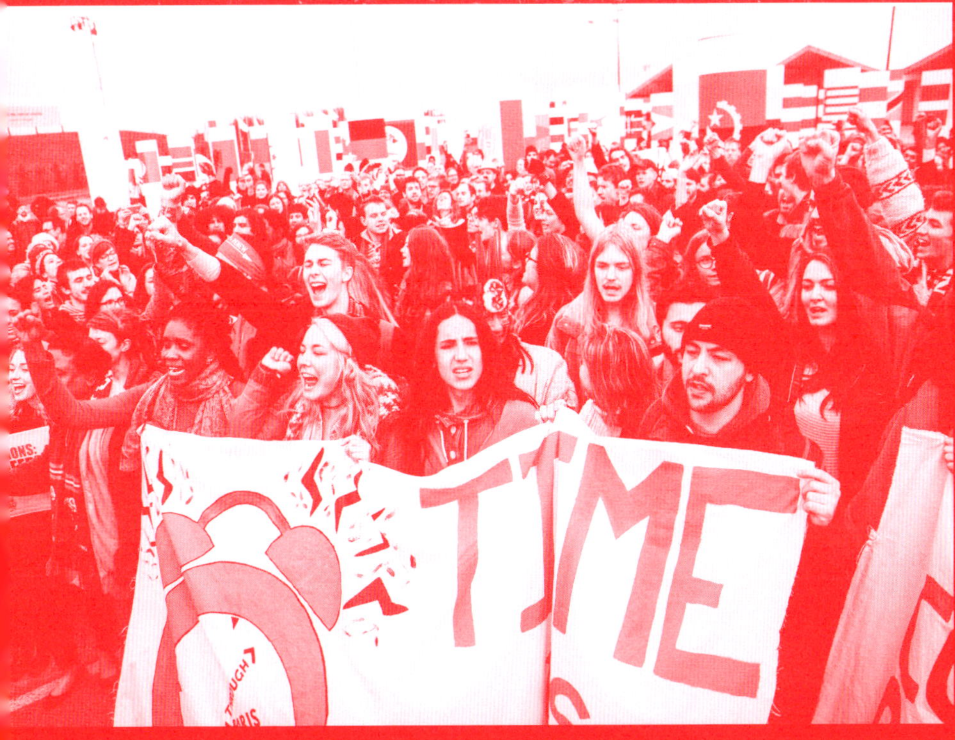
TIME

# MACHE EINE SZENE

Eine direkte Aktion auf
die Beine stellen

**DIRECT ACTION**

DIRECT ACTION

SMASHE

# EINLEITUNG
—

Direkte Aktionen waren für Aktivisten lange
Zeit ein Weg, die Sache selbst in die Hand
zu nehmen, eine Möglichkeit, um die Ecke
zu denken, während sie die Rechte ausüb-
ten, für die Generationen vor uns gekämpft
hatten. Direkte Aktionen können die Richtung deiner Kampagne bestimmen. Will man
jedoch innovative und kreative Wege finden,
den Rest der Menschheit darauf aufmerksam zu machen – und Aktionen ohne eine
Panne auf die Beine zu stellen –, erfordert
das echte Knochenarbeit.

# Lasse dich inspirieren:
## direkte Aktionen
## aus der ganzen Welt

Wir wählen unsere politische Führung – die Personen, die in unserem Namen regieren. Das stimmt. Aber Demokratie ist viel mehr als Vertretung und Wahlen, mehr als nur unsere Macht an die Regierung abzugeben. Wenn wir an direkten Aktionen teilnehmen, können wir dadurch diese Macht im wahrsten Sinne des Wortes zurückerobern.

Bei direkten Aktionen geht es allein darum, seine Botschaft nach außen zu tragen und nicht zu schweigen. Das kann mithilfe von Streiks, Sitzblockaden oder aufsehenerregenden Stunts geschehen. Es geht darum, auf die Macht der Gemeinschaft zu setzen und Maßnahmen zu ergreifen, die, wenn sie einzeln durchgeführt werden, unbemerkt blieben. Werden sie allerdings gemeinsam getroffen, werden sie zu einer treibenden Kraft für Veränderungen, die dann einfach nicht mehr ignoriert werden kann.

Hier sind einige Beispiele, um dich zum Handeln zu bewegen:

# 1 — Nazis raus

Als sich Neonazis in einer deutschen Kleinstadt versammelten, beschlossen antifaschistische Aktivisten, ihnen einen Streich zu spielen. Sie untergruben die Anwesenheit der Neonazis und sammelten Spenden für eine wichtige Sache. Ohne Wissen der rechtsextremen Demonstranten hatten lokale Geschäfte und Anwohner sich dazu entschlossen, den „Rassenmarsch" finanziell zu unterstützen. Für jeden zurückgelegten Meter wurden 10 € an *EXIT Deutschland* gespendet. Dabei handelt es sich um ein Programm, das Menschen beim Ausstieg aus der rechtsextremistischen Szene hilft.

# 2 — Queere Tanzparty

Als Donald Trump die Präsident-
schaftswahl gewann, hatte er
dies unter anderem dem damals
angehenden und homophoben
Vizepräsident Mike Pence zu
verdanken. In einer Januarnacht
schneiten hunderte LGBT-Akti-
visten in sein Haus in Washington,
D.C., um – wie sie es ausdrückten –
„Daddy Pence zu sagen, dass
Homo-/Transphobie in unserem
Land nicht toleriert wird", und
inszenierten dabei eine sehr
unmissverständliche Tanzparty.

# 3 — Besetzung des Rollfeldes

Im März 2017 betraten 15 Aktivisten
unbefugt die Startbahn am Flughafen
London-Stansted, um ein Charter-
flugzeug am Abheben zu hindern, mit
dem Asylbewerber und Flüchtlinge
nach Nigeria und Ghana abgeschoben
werden sollten. Mit Schläuchen und
Ketten banden sie sich ans Fahrwerk
des Flugzeugs und weigerten sich
zu gehen, bevor der Flug nicht an-
nulliert wurde. In jener Nacht gingen
57 Personen von Bord. Alle Aktivisten
wurden verhaftet.

# 4 — Critical mass

Die im Jahr 1992 in San Francisco gestarteten Aktionen der Bewegung *Critical Mass* (Kritische Masse) finden mittlerweile in hunderten Städten auf der ganzen Welt statt. Fahrradfahrer kommen in Scharen zusammen und erobern die Straßen von einigen der weltweit dicht besiedeltsten Ballungsgebiete zurück. Sie wollten so auf den Klimawandel, eine zu geringe Anzahl an Fahrrädern und die Notwendigkeit, unsere öffentlichen Plätze zurückzuerobern, aufmerksam machen.

# 5 — Nackt ausziehen

Manchmal sind die einfachsten Formen von Protest die auffallendsten – und was benötigt weniger Mittel als sich auszuziehen? Um auf die nackte Geldgier großer Pharmaunternehmen aufmerksam zu machen, entblößten sich Aktivisten in London hinter den Fenstern der Londoner Zentrale des Arzneimittelherstellers Gilead.

# 6 — Küsse
## für eine Sache

Trotz vieler Vorurteile stark zu bleiben kann an und für sich schon ein Akt des Protestes sein. Nachdem ein Wachmann vor einem Londoner Supermarkt zwei homosexuellen Männern gesagt hatte, dass es „unangemessen" sei Händchen zu halten, kamen nur wenige Tage später Menschen jedes Geschlechts und jeder sexuellen Orientierung in Scharen zum Supermarkt und veranstalteten ein Knutschfestival, um jedem Beobachter zu zeigen, dass es keine Schande ist, Zuneigung zu zeigen – egal, wer man ist.

# 7 — Brücken, keine Mauern

Als sich die Welt der Amtseinführung Donald Trumps als US-Präsident bewusst wurde, kamen grenzüberschreitend Aktivisten zusammen, um die Botschaft „Baut Brücken, keine Mauern" mitzuteilen. Über 250 Banner hingen auf fünf Kontinenten von Brücken herunter und wollten so Trumps umstrittene Pläne und Politik mit einem Symbol der weltweiten Solidarität infrage stellen.

# 8 — Aufstand auf dem roten Teppich

Die britische Feministinnengruppe Sisters Uncut ist dafür bekannt, aufmerksamkeitserregende direkte Aktionen auf die Beine zu stellen, die es in sich haben. Bei der Premiere des Blockbusters *Suffragette - Taten statt Worte* veranstalteten Dutzende Frauen Lie-ins auf dem roten Teppich. Als Wachmänner sie mitnahmen, sangen sie „Tote Frauen können nicht wählen". Sie machten damit auf das unzureichende Leistungsangebot für die Opfer häuslicher Gewalt aufmerksam, wovon Frauen am meisten betroffen sind.

# AKTIVISTEN-WÖRTERBUCH

## DIREKTE AKTION

Zu einer direkten Aktion zählen Streiks, Demonstrationen und andere Formen öffentlichen Protestes. Man möchte damit Forderungen außerhalb von Verhandlungen durchsetzen. Tatsächlich kann es eine beliebige Aktion sein, mit der man ein sofortiges oder direktes Ergebnis bei einer etablierten Autoritätsperson oder einflussreichen Institution erzielen möchte.

Mit anderen Worten: Statt darauf zu warten, dass ein Politiker für seine Sache eintritt, wird man selbst tätig.

## ZIVILER UNGEHORSAM

Ziviler Ungehorsam ist eine bestimmte Form direkter Aktion. Dabei verstoßen Aktivisten bewusst gegen Gesetze, weil sie der Ansicht sind, dass diese unfair oder ungerecht sind. Das Gesetz zu brechen ist dabei genau der Punkt: Ein Beispiel hierfür ist Rosa Parks. Sie weigerte sich in den 1950er Jahren in Alabama, ihren Sitzplatz im Bus einem weißen Mann zu überlassen, obwohl das Gesetz dies zu jener Zeit vorschrieb.

# KEIN RISIKO

# SICHERHEIT IST TRUMPF

# Pass auf!

Bereitest du dich auf eine direkte Aktion vor, bei der der Überraschungseffekt nicht fehlen darf, oder die sich auf einem schmalen juristischen Grat bewegt, dann triff folgende Vorsichtsmaßnahmen.

Nutze für die Organisation durchgehend verschlüsselte Plattformen wie WhatsApp oder Signal.

Überlege, ob du einen verständnisvollen Rechtsanwalt kontaktieren möchtest, um mit ihm über mögliche Auswirkungen zu sprechen (siehe Kapitel 6).

Schalte dein Smartphone aus, nimm den Akku heraus und lasse ihn in einem anderen Zimmer liegen, wenn ihr euch trefft, nur für den Fall, dass euch jemand belauscht.

Schütze deine E-Mail- und Social-Media-Konten mithilfe der Multi-Faktor-Authentifizierung.

Übermittle Personen nur die Details, die sie wissen müssen, um Lecks zu verringern und Informationen geheim zu halten.

Nutze für die Kommunikation sicherheitshalber ein Prepaid-Wegwerf-Handy. Denke auch daran, regelmäßig die Nummern zu ändern und neue SIM-Karten zu kaufen.

Teile keine Fotos oder Videos, die der Aktion schaden oder die Teilnehmer bloßstellen könnten.

Verwende sowohl für die Planung als auch die Ausführung und für die Aktion selbst jeweils einen Decknamen, um deine Identität und Absichten zu schützen.

# Wie Zusammenarbeit funktioniert

Wenn ihr euch über den Ablauf einer Aktion einig geworden seid, nehmt euch etwas Zeit und denkt sorgfältig über jede Aufgabe nach. Selbstverständlich werden manche von euch an vorderster Front stehen. Doch die Arbeit hinter den Kulissen ist genauso wichtig. Seid ihr genügend Personen, könnt ihr euch in Arbeitsgruppen aufteilen. Jede davon übernimmt einen bestimmten Aufgabenbereich. So wird die Arbeit trotz deiner täglichen Verpflichtungen erledigt werden.

Vielleicht möchtest du auch ein Presseteam und ein Team für juristische Angelegenheiten um dich haben. Außerdem sollte es eine Gruppe für die Logistik und eine für das Wohlbefinden geben, die dafür sorgt, dass sich jeder gut und sicher fühlt.

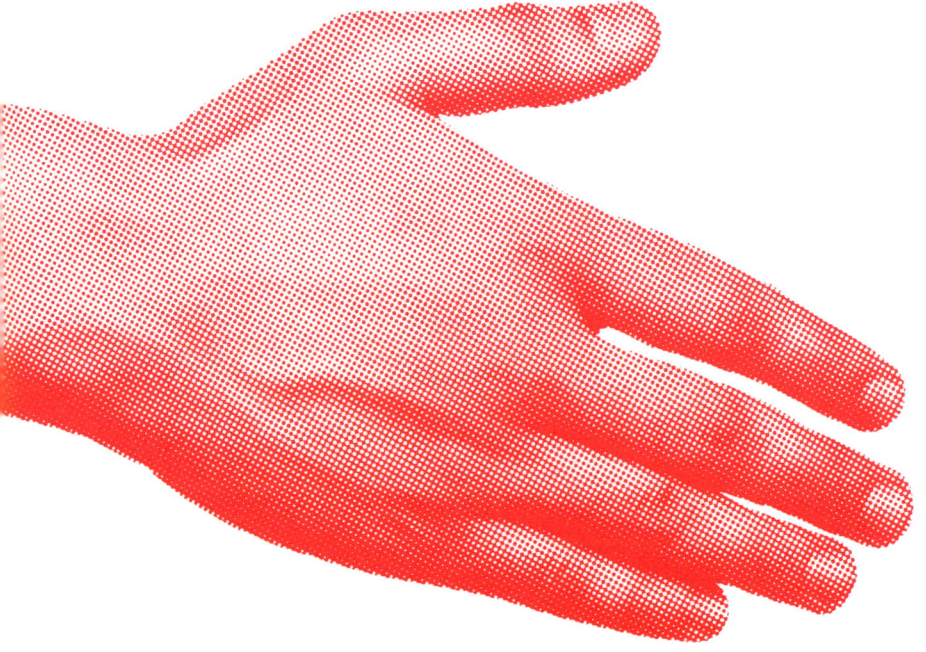

# TEAMWORK MACHT EUREN TRAUM WAHR

# Aktionen haben Folgen

Möglicherweise hast du die besten Absichten, wenn deine direkte Aktion startet, aber vergiss nicht: Wenn du dich kopfüber in die Sache stürzt, können deine Mitmenschen die Folgen zu spüren bekommen.

Sich zum Beispiel am Eingang des Hauptsitzes eines multinationalen Konzerns anzuketten ist ja schön und gut, aber es könnten auch Geringverdiener mit prekären Arbeitsverträgen in deiner Gruppe sein, die dadurch einen oder mehrere Tage lang nicht arbeiten können. Denke deshalb gut darüber nach, wer von deiner Aktion betroffen sein wird, und überlege dir, ob du irgendetwas unternehmen möchtest, um die negativen Auswirkungen ein wenig abzumildern.

Achte darauf, dass Personen vor Ort sind, die nicht direkt an der Aktion beteiligt sind, sondern Flyer verteilen und offen für Gespräche sind, damit die Menschen verstehen, was du machst und warum. Sei bei deinen Schritten kreativ: Von der Bereitstellung von Kaffee und Kuchen bis hin zur Einrichtung eines Härtefonds für ausgesperrte Arbeiter, die von einer laufenden Aktion betroffen sein könnten.

# Wir sind alle nur Menschen

Sich für eine direkte Aktion zu engagieren, erfordert Zeit und
Arbeit, und manchmal jedoch ändert sich deine persönliche
Situation. Übernimm keine Aufgaben, wenn du weißt, dass du
sie nicht zu Ende bringen kannst, selbst wenn du nur versuchen
willst zu helfen. Es ist auch keine Schande, aus einer Aktion
auszusteigen, wenn du dich nicht mehr wohl oder sicher fühlst.
Solange du mit deinen Mitaktivisten offen kommunizierst, kannst
du noch einmal darüber nachdenken und dich neu orientieren –
nur lass die anderen nicht im Regen stehen.

# ES IST ERST VORBEI, WENN ES VORBEI IST.

# Niemand wird zurückgelassen

Während bei zivilem Ungehorsam Aktivisten das Gesetz bewusst brechen, können manche direkte Aktionen ebenfalls zur Verhaftung führen. Wir sprachen zwar in Kapitel 6 ausführlich über deine Rechte, aber du solltest auch herausfinden, wo verhaftete Personen für die Feststellung ihrer Personalien und zur Vernehmung festgehalten werden. Sich für verhaftete Personen einzusetzen, könnte der am wenigsten glamouröse Teil sein, wenn man eine Aktion auf die Beine stellt. Wartet man allerdings abwechselnd vor dem Polizeirevier mit Essen, netten Worten und einer Mitfahrgelegenheit – **die Polizei hat das Recht, Verdächtige unter gewissen Voraussetzungen vorübergehend festzuhalten** –, wird niemand durch das Raster fallen.

UND DENKE IMMER DARAN …

# BEENDE ES MIT EINEM SPEKTAKULÄREN FIN

Wenn sich die Aufregung gelegt hat, halte immer eine Nachbesprechung ab, um dich mit den anderen darüber auszutauschen, was geklappt hat und was nicht. Direkte Aktionen können eine emotionale Achterbahn sein, vor allem, wenn sie lange andauern oder nicht ganz nach Plan verlaufen. Wie deine Aktion auch ausgehen mag … denke daran, bald danach ein Treffen zu organisieren, damit ihr feiern, entspannen und euch neu gruppieren könnt.

# SO WIRD DEINE AKTION AUF KEINEN FALL IGNORIERT

**Manchmal kommt das alte Sprichwort „Setze dort an, wo es wehtut" voll zur Geltung. Das war der Gedanke hinter *Ende Gelände*, einer gewaltigen Klimaaktion, bei der Aktivisten aus ganz Europa eines der größten Kohlebergwerke des Kontinents vorübergehend stilllegten.**

Es ist der 13. Mai 2016 – der Abend vor *Ende Gelände*, Europas größter Klimaaktion seit einer ganzen Generation. Knapp 150 Kilometer südlich von Berlin befindet sich der Ort Proschim im Ausnahmezustand. Aktivisten aus ganz Europa überfallen das verschlafene Dörfchen und haben nur ein Ziel vor Augen: Die Stilllegung eines Braunkohlebergwerkes, das – als einer der größten Umweltverschmutzer des Kontinents – jährlich durchschnittlich drei Millionen Tonnen $CO_2$ produziert.

„Ich mache mir nur Gedanken über die Zukunft", sagt Bethan Lloyd, eine 29-jährige Musikerin aus Nordwales, die jetzt in Berlin lebt. „Wenn ich eines Tages mit meinen Kindern zusammensitze und sie mich vielleicht fragen werden: Mama, was hast du dagegen unternommen? Und ich möchte ihnen nicht sagen müssen, dass ich mich still hinsetzte und nichts tat." Der Klimawandel zeigt sich in erdrückenden Fakten: Die Temperaturen steigen an, die Arktis schmilzt und der Meeresspiegel stieg im 20. Jahrhundert um 19 Zentimeter. Den Vereinten Nationen zufolge werden bis 2050 etwa 250 Millionen Menschen aufgrund der steigenden Temperaturen vertrieben werden. Es gibt allerdings eine immer größer werdende Bewegung, die nicht länger untätig zusieht; Menschen, die freiwillig ihr Leben aufs Spiel setzen, um gegen den Klimawandel anzukämpfen.

Im Dezember 2015 trafen sich die führenden Länder zur UN-Klimakonferenz in Paris, um unter anderem über Maßnahmen zur Eindämmung der Erderwärmung zu sprechen. Trotz viel Rhetorik und Schlagzeilen wurden die Gespräche zu jener Zeit von vielen als Misserfolg angesehen: Das Abkommen ist nicht rechtsverbindlich, die Ziele wurden nicht ausreichend formuliert, und die Vorhaben werden frühestens ab 2020 umgesetzt.

Melanie Mattauch, die für *350.org* – eine internationale nichtstaatliche Organisation, die Menschen mobilisieren will, um den Klimawandel auf der ganzen Welt anzugehen – arbeitet, bleibt allerdings optimistisch. „Tatsächlich nahmen wir ohne große Erwartungen daran teil. Was wir uns davon erhofften, war, dass die Bewegung an Stärke gewinnen sollte. Und das geschah auch."

Schlussendlich versammelten sich knapp 3 000 Menschen am 14. Mai in Proschim, um ihre einzelnen Stimmen als eine gemeinsame zu erheben. Sie waren zudem fest entschlossen, über den Zaun des Bergwerkes zu klettern.

Bei früheren Protesten hatten Polizeibeamte unangemessen Schlagstöcke und Tränengas eingesetzt. Doch dieses Mal hielt sich die Polizei zurück.

Mehrere Gruppen rannten ein paar Stunden lang über das Gelände. Bahngleise, auf denen Kohle vom Bergwerk zum Kraftwerk transportiert wird, wurden blockiert, und riesige Anlagen wurden besetzt und abgeschaltet. Es war ein unvergesslicher Anblick.

Man kann den Effekt einer solchen Aktion schwer abschätzen. Es waren natürlich wesentliche Auswirkungen in Echtzeit spürbar – das Kohlebergwerk wurde ein paar Tage lang stillgelegt und die Kohlegewinnung unterbrochen. An und für sich hatte es jedoch vermutlich keine wirkliche Auswirkungen auf die zunehmende Erderwärmung.

Doch was wirklich zählt ist das, wofür diese Aktion steht. Menschen aus ganz Europa kommen zusammen und setzen sich für eine Sache ein, an die sie glauben. Die Macht des Internets und der sozialen Medien wird genutzt, um eine Botschaft zu verbreiten, gemeinsam Pläne zu schmieden und Frustration im Netz in Aktion vor Ort umzuwandeln. Man bietet multinationalen Konzernen für fossilen Brennstoff, nationalen Regierungen und den Machtpersonen, die so viel zu verlieren haben, die Stirn.

„Da es eine politische Angelegenheit ist, brauchen wir ganz klar eine internationale Reaktion", sagt der britische Aktivist Danni Paffard, der an jenem Tag mitmarschierte und so darauf aufmerksam machte, dass der Klimawandel ein Thema ist, das über Landesgrenzen hinausgeht und von den Staaten gemeinsam in Angriff genommen werden muss.

„Diese Aktion bietet uns auch die Möglichkeit, uns mit unterschiedlichen Organisationskulturen auseinanderzusetzen. Mit ihr können wir Neuerungen vornehmen und auf die sozialen Bewegungen bauen, die schon vor uns da waren." Alle beteiligten Aktivisten konnten etwas mitnehmen. Die direkten Aktionen in ihren jeweiligen Communitys und Ländern werden nun von den Erfahrungen und geknüpften Kontakten profitieren. „Man kann etwas online teilen, mit Menschen persönlich sprechen, aber ich möchte keines dieser endlosen Gespräche führen und dann doch nichts tun", überlegte Bethan, als sie ihr Lager für die Besetzung während der Nacht aufschlug. „Ich habe den Klimawandel nicht abgestritten, aber ich glaube, ich habe mich selbst belogen, weil ich annahm, ich allein könne etwas bewegen – so schien es einfacher. Jetzt habe ich verstanden, dass wir nur etwas bewegen können, wenn wir uns zusammentun. Es wird nicht einfach werden, aber wir werden besser vorbereitet sein."

# MACHE WEITER & WEITER

Du hast es weit gebracht,
aber höre jetzt nicht auf

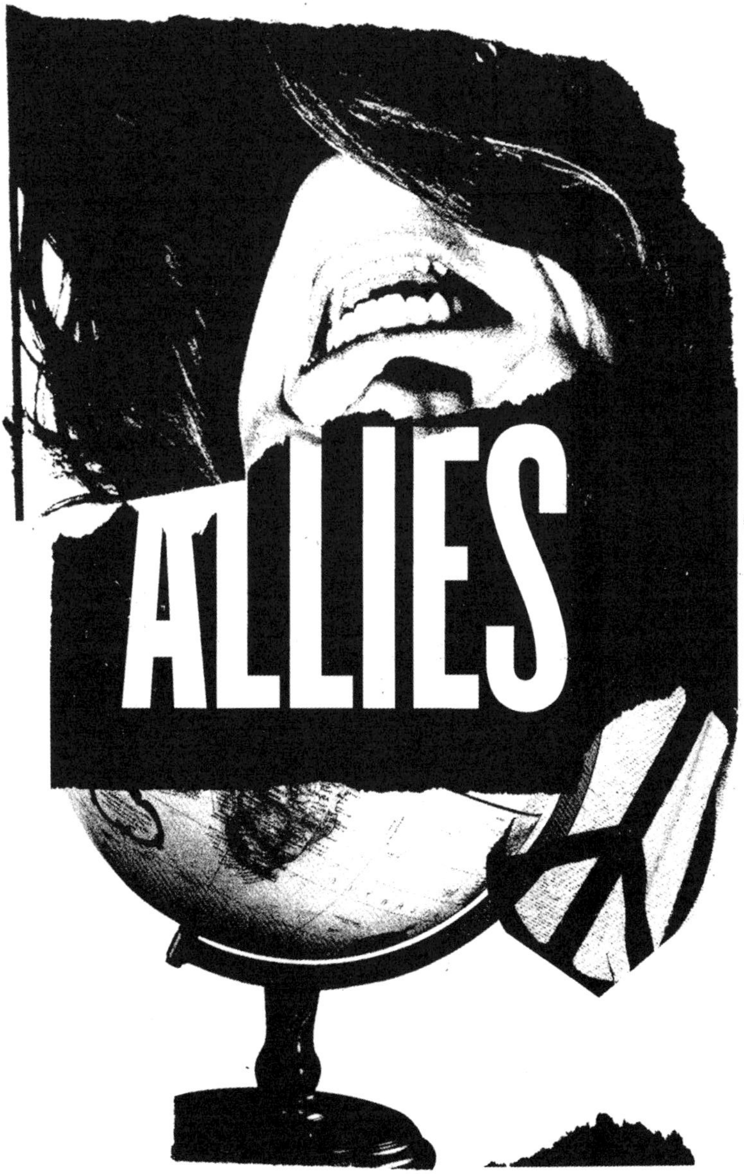
ALLIES

# EINLEITUNG
—

Es gibt kein schöneres Gefühl, als wenn man merkt, dass man das Potenzial dazu hat, die Welt zu verändern. Doch hierfür musst du dich auf einen Marathon anstatt auf einen Sprint vorbereiten. Es wird immer Menschen geben, die dich zum Schweigen bringen wollen, und sie werden immer behaupten, dass du das Unmögliche verlangst. Lass dich davon nicht unterkriegen. Vergiss nicht: Du stehst nie alleine da. Und vor allen Dingen: Pass auf dich auf und halte dir dein Ziel stets vor Augen.

# Schließt euch zusammen und lernt voneinander

Für welche Sache du auch kämpfst ... andere haben vor dir bereits ähnliche Kämpfe geführt. In manchen Fällen sind es Aktivisten aus der Vergangenheit; andere wiederum sind möglicherweise im Hier und Jetzt und wohnen direkt um die Ecke.

Es ist keine Schande, andere um Rat zu fragen; Erfahrungen auszutauschen ist eines der besten Mittel, die wir haben. Indem du mit Aktivisten auf lokaler, nationaler und grenzüberschreitender Ebene in Kontakt trittst, kannst du nicht nur den breiteren Kontext verstehen, für den du dich einsetzt, sondern du erhältst dadurch auch Einsichten, Anleitung und Unterstützung. Selbst Kampagnen, die mit deiner nicht in direktem Zusammenhang stehen, haben möglicherweise etwas zu bieten.

Schnell können diese Beziehungen zu Beziehungen der gegenseitigen Unterstützung werden: Entscheidend ist, etwas zurückzugeben und mit anderen solidarisch zu sein. In der Praxis könnte das bedeuten, dass du an Protesten, Kundgebungen, Wohltätigkeitsveranstaltungen oder direkten Aktionen anderer Gruppen teilnimmst. Wenn du deren Veranstaltungen oder Aktivitäten in deiner Social-Media-Gruppe teilst, kannst du dadurch ebenfalls helfen.

In anderen Fällen möchtest du vielleicht mit anderen auch eng zusammenarbeiten. Andere Gruppen könnten durchaus Ziele haben, die deiner Kampagnenarbeit entsprechen oder mit ihr übereinstimmen. Wenn ihr also bei bestimmten Projekten oder Aktionen zusammenarbeitet, könnt ihr euren Pool von Aktivisten erweitern und dabei auch noch wichtige langfristige Beziehungen aufbauen. Mit gemeinsamen Spendenaktionen könnt ihr die finanzielle Last der Organisation einer Großveranstaltung verteilen. Die Aufteilung der Kosten für einen Bus, um an einer landesweiten Demonstration teilzunehmen, kann helfen, effektiv zu sparen.

Vergiss nicht, dass Unterstützung unbedingt auf Gegenseitigkeit beruhen muss, wenn du eine Bewegung weiter aufbauen willst.

# Du bist nicht
# der Retter der Welt

Es ist toll, dass du Ungerechtigkeit bekämpfen willst, aber wenn du arrogant wirst, wirst du damit deine Sache nicht voranbringen. Tatsächlich könnte es dich auf Dauer sogar ziemlich unbeliebt machen. Denke daran, dass sich jeder auf einer Reise befindet, und nicht jeder Weg derselbe ist.

Wenn du mit Menschen kommunizierst, vor allem mit denjenigen, die von den Themen betroffen sind, die dich aufwühlen, darfst du nicht vergessen, dass es deine Aufgabe ist, sie zu unterstützen und ihnen zu helfen. Es gibt ein Motto, das du befolgen solltest und das wie folgt lautet: *Aktivismus heißt, mit Menschen zusammenzuarbeiten und eben nicht für sie oder in ihrem Namen tätig zu sein.* Achte darauf, dass ihre Stimmen verstärkt und nicht übertont werden.

SUCHE FREUNDE & DU WIRST SIE FINDEN

# Erkunde dein Spektrum der Verbündeten

Die Ansichten von Machtpersonen zu ändern, ist eine Möglich-keit, um deine Kampagnenziele zu erreichen. Doch wenn uns die Geschichte eines lehrt, dann, dass eine wirkliche Veränderung nur von unten kommen kann. Wenn man auf unsere gesellschaft-lichen Errungenschaften – vom Frauenwahlrecht bis zum Rassen-gleichstellungsgesetz – zurückblickt, wird man sehen, dass die Politiker den Wünschen und Ideen in der Gesellschaft über kurz oder lang folgen.

Mithilfe des Instruments „Spektrum der Verbündeten" kannst du feststellen, wo die anderen Menschen bezüglich der Sache, für die du dich engagierst, stehen – von den Gruppen, bei denen etwas mehr Überzeugungsarbeit nötig ist, bis hin zu denjenigen, die es kaum erwarten können, sich dir anzuschließen.

Hierfür musst du dir die Gesellschaft als eine Sammlung von Communitys, Netzwerken und Gruppen vorstellen. Dazu zählen unter anderem Vereine, Schulen, Subkulturen und religiöse Gruppen. Je genauer du deine Gruppen definieren kannst und je größer die Anzahl ist, desto besser. Damit kannst du sie der Priorität nach ordnen und festlegen, an welche Gruppen in der Bevölkerung du dich richten möchtest, und ermitteln, wie viel Arbeit dafür nötig sein könnte.

Aber Vorsicht: renne nicht nur offene Türen ein und sprich nicht nur mit Menschen, die sowieso schon auf deiner Seite sind, und gib andererseits auch nicht die als hoffnungslos auf, die nicht gleich eins zu eins deiner Meinung sind. Dein Erfolg wird darauf beruhen, dass du jede denkbare Gruppe im Spektrum deiner Verbündeten ein wenig in deine Richtung verschiebst. Das ist harte Arbeit, aber es wird sich lohnen.

**1 |** Nimm ein Blatt Papier und zeichne einen Halbkreis.
Am Schluss sollte deine Grafik wie die Hälfte eines Kuchens aussehen.

**2 |** Schreibe den Namen deiner Kampagne unter die gerade Linie.
Setze deine Gruppe auf die linke und die Gegner auf die rechte Seite.

**3 |** Teile deinen imaginären Kuchen in fünf gleich große Stücke
auf und bezeichne diese wie folgt:

- **Aktive Verbündete** – Personen, die mit dir einer Meinung
  sind und bereits an deiner Seite kämpfen.

- **Passive Verbündete** – Personen, die mit dir einer Meinung sind,
  aber derzeit nichts unternehmen.

- **Neutral** – Personen, die bislang keine Meinung hatten:
  nicht engagiert, nicht interessiert oder nicht informiert.

- **Passive Gegner** – Personen, die nicht mit dir einer Meinung sind,
  aber auch nicht für ihre Überzeugungen kämpfen.

- **Aktive Gegner** – Personen, die nicht mit dir einer Meinung sind
  und dich bereits zurückdrängen.

**4 |** Erstelle auf einem zweiten Blatt eine Liste und notiere alle Perso-
nen, Gruppen, Organisationen und Netzwerke, von denen du glaubst,
dass sie eine Meinung zu deiner Kampagne haben könnten. Nimm dir
viel Zeit dafür und benenne jede Kategorie möglichst konkret. Anstatt
dass du zum Beispiel einfach nur „junge Leute" schreibst, könntest
du diese als „Universitätsstudierende", „In WGs lebende Universitätsstudierende" oder „Mathematikstudierende" näher bezeichnen.
    Vergiss nicht, Recherchen anzustellen und Gruppen ausfindig zu
machen, die sich für ähnliche Themen einsetzen wie du und dir auch
zur Seite stehen können. Je konkreter du die einzelnen Punkte
bezeichnest, desto nützlicher wird diese Grafik sein.

**5 |** Ordne nun jede Gruppe dem passenden Kuchenstück zu. Mit deinem
fertigen Spektrum der Verbündeten kannst du sehen, wen du mitbringen musst, wenn du eine Koalition für den Wandel bilden willst. Notiere
dir die Kontaktdaten jeder Gruppe und setze dich mit ihnen in Verbindung.

SPEKTRUM DER VERBÜNDETEN

# AKTIVISTEN-WÖRTERBUCH

## DAS OVERTON-FENSTER

Hinter dem von Joseph P. Overton entwickelten Begriff „Overton-Fenster" steckt ein Konzept und Instrument, mit dem man feststellen kann, welche Ideen und Möglichkeiten von der breiten Öffentlichkeit als sozialverträglich angesehen werden. Positionen innerhalb dieses symbolischen Fensters werden als etabliert und akzeptabel angesehen, Ideen außerhalb des Fensters gelten als radikal und umstritten. Das Wichtigste ist immer daran zu denken, dass die Arbeit von Aktivisten und Campaignern dazu dient festzulegen, welche Ideen sich im Laufe der Zeit innerhalb des Fensters befinden sollen.

Nehmen wir die gleichgeschlechtliche Ehe als Beispiel. Vor einhundert Jahren wurde Homosexualität an sich unter Strafe gestellt. Die Vorstellung der Legalisierung der gleichgeschlechtlichen Ehe wurde ganz und gar nicht als Option betrachtet. Die LGBTQ-Aktivisten setzten sich erfolgreich für gleichgeschlechtliche Beziehungen ein. So wurden diese z.B. in Deutschland ab 1994 nicht mehr unter Strafe gestellt, und seit 2017 ist die gleichgeschlechtliche Ehe – dank breiter Unterstützung – gesetzlich erlaubt. Die radikalen Ideen von heute könnten durchaus die etablierten und angemessenen Ideen von morgen sein.

# Wie sieht ein Sieg aus?

Aktivisten spielen bei der Verschiebung des öffentlichen Diskurses eine wichtige Rolle. Nur durch die Überschreitung der Grenzen des Möglichen werden Machtpersonen unserem Beispiel folgen. Setze dich in jeder Phase deiner Kampagne hin und denke genau darüber nach, was einen Sieg ausmacht. Vielleicht möchtest du eine Reihe von Etappenzielen erreichen, die als Erfolge angesehen werden können, vor allem, wenn du unbedingt mehr als ein bestimmtes Ergebnis sehen willst.

Manche Kampagnen können sich in die Länge ziehen. Um also weiterhin bei guter Laune zu sein, lege Etappenziele fest, um deine Erfolge bei jeder Gelegenheit kenntlich zu machen. Dadurch kannst du deine Zwischensiege feiern und hältst die Motivation aufrecht.

Angenommen, das Endziel deiner Kampagne ist die Legalisierung aller illegaler Drogen, wie es das Gesetz in Portugal besagt. Du kannst dich für diese Veränderung aktiv einsetzen, aber dabei gleichzeitig deine Meilensteine feiern – wie die Minderung von Haftstrafen, eine bessere Drogenaufklärung in Schulen und einen besseren Zugang zu Hilfeleistungen.

# Die Möglichkeiten sind endlos

Während sich deine Kampagne weiterentwickelt und verändert, scheue dich nicht davor, im großen Stil zu planen. Während du gerade dabei bist, als Bewegung etwas zu erreichen, stellst du vielleicht fest, dass auch die Möglichkeiten dessen, was du erreichen kannst, immer mehr werden. Um den Erfolg messen und einen Sieg feiern zu können, ist es wichtig, dass du deine Ziele festlegst. Doch stelle dich an jedem Punkt mit den anderen neu auf und entscheide, welcher Schritt der nächste sein könnte.

Richtet sich deine Kampagne ausschließlich auf ein Thema – zum Beispiel das Verhindern der Schließung deiner örtlichen Notaufnahme aufgrund von Mittelkürzung –, kann es als Sieg verbucht werden, wenn diese offen bleibt. Lass aber nicht zu, dass du das einschränkst, was du erreichst. Vielleicht möchtest du dich auch für eine bessere Bezahlung von Pflegekräften einsetzen oder ein nationales Netzwerk für Gesundheitskampagnen gründen.

# Kleinvieh macht auch Mist

Manchmal wird das Spendensammeln ein wichtiger Aspekt deiner aktivistischen Tätigkeit sein; in anderen Fällen wird es nur für die wesentlichen Punkte im Alltag eine Rolle spielen. So oder so ist Transparenz ein Muss. Solltest du um Spenden oder Crowdfunding bitten, dann sage du immer offen und ehrlich, wohin das Geld fließt.

Möchtest du viel Geld aufbringen – nehmen wir an, um eine Interessengemeinschaft zu unterstützen, die knapp bei Kasse ist, oder um die Reisekosten einer Person zu übernehmen, die ansonsten von deiner Arbeit ausgeschlossen werden würde –, macht sich Kreativität bezahlt. Vielleicht möchtest du einen Auktions- oder Fundraisingabend an einem lokalen Veranstaltungsort ausrichten. Solltest du dich dafür entscheiden, Spenden auf der Straße mit der Spendendose zu sammeln, beschäme niemanden, wenn er dir Kleingeld gibt. Und achte darauf, dass deine Botschaft stichhaltig ist.

# Selbstfürsorge beginnt und endet mit dir ...

Alles für eine Sache zu geben, an die man glaubt, ist sowohl für dich als Aktivist als auch für die Menschen, die von deiner unermüdlichen Arbeit profitieren werden, lohnenswert. Aber du musst immer daran denken, auch auf dich zu achten – es ist immer besser, an einem Boxenstopp nachzutanken, als zu warten, bis der Tank schon fast leer ist.

Selbstfürsorge beschreibt die Kunst auf sich zu achten – die Methoden, die du anwenden kannst, um deinen Körper und Geist mit derselben Liebe und demselben Respekt zu behandeln, die du anderen entgegenbringen würdest. Es gibt keinen richtigen Weg, Selbstfürsorge zu praktizieren, aber das zu tun, was dir gut tut, trifft den Kern der Sache. Hier sind ein paar Tipps für den Einstieg:

- **Lerne „Nein" zu sagen.** Bist du überfordert oder ausgelastet, bedeutet „Nein" zu sagen „Ja" zu anderen Dingen zu sagen.

- **Wir alle müssen uns einmal gehen lassen.** Nimm dir etwas Zeit, um dich mit Freunden und Mitaktivisten zu treffen und abzuschalten.

- **Sei nett zu deinem Körper.** Es klingt vielleicht selbstverständlich, aber achte darauf, dass du Sport treibst, dich gesund ernährst, viel trinkst und viel schläfst.

- **Wir sind alle nur Menschen.** Rackerst du dich ab, dann bitte deine Mitmenschen um Hilfe. Glaube nicht, du könntest die Last nicht teilen.

- **Gehe offline.** Es kann dein Rettungsanker sein. Es kann nicht schaden, wenn du dein Smartphone oder deinen Computer für eine Stunde, einen Tag, eine Woche oder länger ausschaltest.

„FÜR SICH SELBST ZU SORGEN IST KEINE SELBSTHINGABE, SONDERN SELBSTERHALTUNG, UND DAS IST EIN POLITISCHES KAMPFMITTEL."

Audre Lorde,
Dichterin und Aktivistin

# Lass den Kopf nicht hängen

Bei Aktivismus dreht sich alles darum, die Gesellschaft zum Besseren zu verändern, aber es wird auch immer Menschen geben – meistens solche, die infolge des voranschreitenden Wandels etwas zu verlieren haben –, die versuchen werden, sich dir in den Weg zu stellen.

In den vergangenen Jahren waren Aktivistengruppen das Zielobjekt von feindlichen Journalisten, die wichtige Arbeit unbedingt diskreditieren und untergraben wollen, und von verdeckten Ermittlern, die Netzwerke zu unterwandern versuchen, indem sie das Vertrauen der Menschen ausnutzen.

Diese Risiken lassen sich nicht vollständig ausschalten, aber wenn du darauf achtest, bei einer öffentlichen Versammlung nichts zu sagen, über das nicht berichtet oder was nicht wiederholt werden soll, bist du auf der sicheren Seite. Schütze aber auch deine eigenen Social-Media-Konten: So mancher Schreiberling durchforstet alles, was du jemals gepostet hast, um dich zu diskreditieren.

Sollte ein Presseorgan dich als Einzelperson oder als Bewegung verreißen, verlange das Recht auf eine Gegendarstellung. Es ist nicht ungewöhnlich, dass Zeitungen und Websites nichts als Lügen veröffentlichen. Manchmal ist es klüger, rechtzeitig einen auf solche Dinge spezialisierten Anwalt einzuschalten.

Dasselbe gilt für Hassnachrichten auf Twitter: Bedeutsame Arbeit wird immer Trolle anziehen, weil sie den Status quo infrage stellt. Gib dein Bestes und gehe nicht darauf ein. Setze stattdessen all deine Kraft in deine Kampagne. Um auf Distanz zu bleiben, kannst du missbräuchlich genutzte Konten blockieren. Sollte es jedoch unvermeidlich sein, melde solche Trolle über die Plattform oder informiere schlimmstenfalls auch die Polizei.

# LASS DICH NIEMALS UNTER-KRIEGEN

UND DENKE IMMER DARAN ...

DIE ZUKUNFT LIEGT IN DEINEN HÄ

# NDEN

Beim Aktivismus geht es darum, sich eine andere Lebens-
weise auszumalen, indem man für etwas Besseres kämpft
und dabei das Bewusstsein schärft. Wenn du nett zu dir
und deinen Mitmenschen bist, kannst du deine aktivistische
Tätigkeit noch lange ausführen. Schließe Freundschaften,
verliebe dich, bilde Gemeinschaften und schaffe Erinne-
rungen. Die Welt zu einem besseren Ort machen zu wollen,
kann schon fast süchtig machen.

# WIE BLACK LIVES MATTER ZU EINER TRANS- ATLANTISCHEN BEWEGUNG WURDE

Im Zeitalter des globalen Aktivismus lassen sich unsere Kämpfe nicht länger geografisch eingrenzen. Wenn es um den Aufbau einer nachhaltigen Bewegung geht, die auf der ganzen Welt von Bedeutung sein soll, muss man von den Aktivisten lernen, die ähnliche Kämpfe an anderen Orten führten.

Sehen wir uns nur einmal *Black Lives Matter* (Schwarze Leben zählen), eine der prägendsten Bewegungen unserer Zeit, an. Was als Reaktion auf die Ermordung von Afroamerikanern durch die US-Polizei begann, wurde zu einem internationalen Weckuf und fand bei Aktivisten in der ganzen Welt Widerhall.

Als George Zimmerman von der Anklage des Mordes an dem 17-jährigen Afroamerikaner Trayvon Martin im Juli 2013 freigesprochen wurde, stank das Urteil nach Unrecht. In vielen Städten der USA gingen Demonstranten auf die Straße. Die Künstlerin und Aktivistin Patrisse Cullors nutzte zusammen mit zwei Freundinnen den Hashtag #BlackLivesMatter, der zu einem weltweiten Aufruf zum Handeln werden sollte. *Our Lives Matter*, *Black Lives Matter* (Unsere Leben zählen, Schwarze Leben zählen) war im Internet zu lesen. In nur wenigen Tagen nutzten dann Menschen auf der ganzen Welt diesen Hashtag, und mittlerweile ist es eine internationale Bewegung.

In den USA und in Großbritannien sterben Menschen durch die Polizei. Gemeinsame Erfahrungen mit dem Racial Profiling, unverhältnismäßig viele Todesfälle von Schwarzen in Haft und institutioneller Rassismus wurden für die Bürger auf beiden Seiten des Atlantiks zu einer bekannten Geschichte und verbanden so auf unerwartete Weise britische und amerikanische Aktivisten miteinander.

„Wir US-Bürger, vor allem die Afroamerikaner, müssen uns mehr Mühe geben, unsere Theorie und Praxis zu vertiefen, wenn sie sich auf den globalisierten Rassismus gegen Schwarze und den Widerstand beziehen", sagt Patrisse aus Kalifornien. „Bewegungen entwickeln sich zu globalen Initiativen, wenn sich Organisatoren auf der ganzen Welt zusammenschließen und klare Parallelen ihrer Themen aufzeigen."

Als die Menschen nach dem Tod von Mike Brown in Ferguson, Missouri, auf die Straße gingen, löste das auch in England eine Flut direkter Aktionen aus. Zur US-Botschaft marschieren, Straßen im Zentrum von London blockieren und Die-ins vor einem der größten Einkaufszentren im Vereinigten Königreich abhalten … die britischen Aktivisten drückten ihre Solidarität mit den amerikanischen Aktivisten aus.

Diese transatlantische Beziehung wurde stärker, als eine Delegation britischer Aktivisten – bestehend aus den Familienmitgliedern der Personen, die in Polizeigewahrsam starben – nach Kalifornien reiste und sich dort mit Aktivisten und Gruppen traf, um sich über ihre Geschichten von Ungerechtigkeit auszutauschen und die Kämpfe zu vergleichen, die sie führen.

„Dank der Reise in die USA konnte ich die Lücken schließen, wozu wir vorher nicht in der Lage waren", erklärt Kadisha Brown-Burrell, deren Bruder Kingsley 2011 nach einer Auseinandersetzung mit Polizeibeamten in den West Midlands starb. „Der Zusammenschluss mit Aktivisten, Familienmitgliedern und vergleichbaren Organisationen ermöglichte uns diesen Anknüpfungspunkt, um in Großbritannien voranzukommen."

Während die Familien ihre Geschichten austauschten, erkannten sie, dass sie erschreckenderweise ähnliche Erfahrungen gemacht hatten. „Es ist kein Zufall", fügt Marcia Rigg hinzu, deren Bruder Sean nach einer Befragung durch die Polizei 2008 in Süd-London starb. „Es ist Absicht. Die USA und das Vereinigte Königreich bilden da eine Allianz. Dieses Verhalten zeigt nur die institutionellen und systemischen Schwächen auf, die über Grenzen hinweg widergespiegelt werden."

Jahre vergingen, und Marcia hat noch immer viele Fragen, aber nur wenige Antworten erhalten. „Was da passiert, ist die moderne Sklaverei. Nichts hat sich geändert. Wir werden nicht mit Ketten, sondern mit Handschellen gefesselt; wir werden nicht an Bäumen aufgehängt, sondern von der Polizei getötet", sagt sie. „Bewegungen in den USA sorgen für Veränderung. Um uns hinter diese Bewegungen zu stellen, müssen wir uns zusammenschließen."

Bei Versammlungen und Massenkundgebungen während der Reise wurden sämtliche praktischen Erfahrungen ausgetauscht, einschließlich eines ganz besonderen interaktiven Tools. Mithilfe der App *Mobile Justice* können Zeugen von Polizeigewalt Filmmaterial in Echtzeit auf einen sicheren Server hochladen. Die von der *American Civil Liberties Union* (Amerikanische Bürgerrechtsunion) entwickelte App ermöglicht dem Bürger „die Überwachung der Polizei" und war für die britischen Aktivisten eine Spitzenerkenntnis. Manche Erfahrungen werden allerdings etwas mehr Zeit brauchen, bis sie integriert sind. Dazu zählt die Erfahrung, wie sich unterschiedliche Antworten auf polizeiliche und staatliche Gewalt auswirken.

Am 4. August 2011 wurde der 29-jährige Mark Duggan von der Metropolitan Police in London erschossen, was im ganzen Land Aufstände entfachte. Doch schnell verschwand die Unzufriedenheit wieder. Das Justizsystem ging mit aller Härte dagegen vor und in den Zeitungsberichten wurde das Ganze lediglich als „blinde Gewalt" dargestellt.

Doch in Ferguson war alles anders. Die Aufstände wurden als soziale Proteste anerkannt. Patrisse Cullors glaubt, dass die Menschen auf den Straßen dadurch, dass sie sich über die sozialen Medien mitteilten, die Debatte beeinflussen konnten. „Die sozialen Medien bieten eine Plattform, mit der wir global auftreten und weltweit Aufmerksamkeit erregen konnten. Doch was noch wichtiger ist, ist, dass wir dank ihr das Bewusstsein in unseren Gemeinschaften schärfen und so diese wichtigen Beziehungen aufbauen können."

Aber auch die Nachhaltigkeit der Bewegung in den USA hat zu ihrem Erfolg beigetragen; die Menschen gingen auf die Straße und blieben dort – eine Erfahrung, die die britischen Aktivisten unbedingt mit nach Hause nehmen wollen. Im Kampf um die Gleichberechtigung und Befreiung von Schwarzen ist es von entscheidender Bedeutung, weltweit Brücken zu bauen.

„WAS IM LE[
IST NICHT
GELEBT
SONDER[
DAS LE[
ANDEREN [
HAB[

BEN ZÄHLT,
DASS WIR
HABEN.
WIE WIR
EN VON
ERÄNDERT
EN. "

Nelson Mandela

# LITERATURVERZEICHNIS
—

Aftershock: *Confronting Trauma in a Violent World*. Pattrice jones 2007

AG postautonome Handlungsweisen (HG). *Organisation & Praxis (Ein politisches Handbuch)*. Unrast Verlag, Münster 2014

Amans, Marc: *go stop act!: Die Kunst des Kreativen Straßenprotests*. Trotzdem Verlagsgenossenschaft, Frankfurt 2010

Boyd, Andrew & Mitchell, Dave (HG): *Beautiful Trouble: A Toolbox for Revolution*. OR Books, New York 2016

Boyd, Andrew & Oswald Mitchell, Dave (HG): *Beautiful Trouble. Handbuch für eine unwiderstehliche Revolution*. Orange Press, Berlin 2014

Brodde, Kirsten: *Protest!: Wie ich die Welt verändern und dabei auch noch Spaß haben kann*. Ludwig Verlag, München 2010

Davis, Angela Y.: *Freiheit ist ein ständiger Kampf*. Unrast Verlag, Münster 2015

Freire, Paolo: *Pädagogik der Unterdrückten. Bildung als Praxis der Freiheit*. Rowohlt TB, Hamburg 1970

H. W. Möllers, Martin: *Demonstrationsrecht im Wandel! Vom Brokdorf-Beschluss bis zur Fraport-Entscheidung des Bundesverfassungsgerichts*. Verlag für Polizeiwissenschaft, Frankfurt am Main 2015

Haley, Alex und Malcom X: *Malcolm X – Die Autobiographie*. Heyne, München 1996

Hessel, Stephane: *An die Empörten dieser Erde! Vom Protest zum Handeln*. Aufbau, Berlin 2012

Hessel, Stephane: *Empört Euch!*. Ullstein TB, Berlin 2011

Hessel, Stephane: *Engagiert Euch!*. Ullstein TB, Berlin 2011

Hessel, Stephane: *Verrenkt Euch!*. Ullstein TB, Berlin 2011

Honolka, Harro: *Jetzt reicht´s!: 50 Anleitungen zum Bürgerprotest*. Westend Verlag, Frankfurt 2013

Hooks, Bell: *Feminism is for Everybody*. South End Press, Boston 2000

Klein, Naomi: *Die Entscheidung: Kapitalismus vs. Klima*, Fischer TB, Frankfurt am Main 2016

Luger, Jakob: *Ein neues Werkzeug: Die Europäische Bürgerinitiative am Fallbeispiel von „right Zwater"*. ÖGB Verlag, Wien 2015

Luthmann, Timo: *Politisch aktiv sein und bleiben. Handbuch nachhaltiger Aktivismus*. Unrast Verlag, Münster 2018

Popovic, Sralja: *Protest! Wie ich die Welt verändern und dabei auch noch Spaß haben kann*. Ludwig Verlag, ... 2010

Sayder, Timothy: *Über Tyrannei. Zwanzig Lektionen für den Widerstand*. CH Beck, München 2017

Scharfenort, Ulrich: *Jederbeteiligung: Es gibt mehr Beteiligung als nur Wahlen* (Kindle Edition). Book Nix Verlag, München 2013

Steinke, Klaus: *Projekte überzeugend präsentieren! So vermitteln Sie ihr Anliegen klar und einprägsam (Arbeitshilfe für Selbsthilfe - und Bürgerinitiativen)*. Verlag Stiftung Mitarbeit, Bonn 2006

Wainwright, Tom u.a.: *The Protest Handbook*, Bloomsbury Professional, London 2012

War Resisters' International (Hrsg.): *Handbuch für gewaltfreie Kampagnen*. Verlag Graswurzelrevolution, Münster 2017

Welzer, Harald: *Selbst Denken: Eine Anleitung zum Widerstand*. Fischer, Frankfurt 2015

# NÜTZLICHE ORGANISATIONEN
—

**Amnesty International** — Setzt sich seit über 50 Jahren für Menschenrechte ein und ist die weltweit größte volksnahe Menschenrechtsbewegung mit über 7 Millionen Mitgliedern.

*www.amnesty.de*

**Bundesverband Bürgerinitiativen Umweltschutz e.V.** — Dachverband der Umwelt-Bürgerinitiativen in Deutschland, bietet Unterstützung vor Ort: juristisch, wissenschaftlich, organisatorisch.

*www.bbu-online.de*

**Campaign for Nuclear Disarmament** — Tritt für das Ende von Nuklearwaffen ein und blickt auf eine lange Geschichte von Protesten, Interessenvertretungen und direkten Aktionen für eine friedlichere Welt zurück.

*www.enduk.org*

**Deutsches Institut für Menschenrechte (DIMR)** gemeinnütziger Verein, der die Einhaltung der Menschenrechte überwacht und fördert. Die Finanzierung erfolgt in erster Linie durch den Bundestag, für einzelne Projekte auch Drittmittel. Das Institut begleitet u.a. die Umsetzung der UN-Behindertenrechtskonvention und der UN-Kinderrechtskonvention.

*www.institut-fuer-menschenrechte.de*

**Friends of the Earth** — Die im Jahr 1969 ursprünglich als Antinukleargruppe gegründete Organisation ist sehr hilfreich, wenn man sich für Umweltaktivismus einsetzt.

*www.foei.org*

**Greenpeace** — Die 1971 in Kanada gegründete Organisation, die die führende Stimme bei Umweltthemen und dem Klimawandel ist Es gibt mehrere Möglichkeiten, wie man sich für ihre Arbeit auf der ganzen Welt engagieren kann.

*www.greenpeace.de*

**Human Rights Watch** — Ist eine internationale nichtstaatliche Organisation mit Sitz in den USA, die Menschenrechte prüft und sich für sie einsetzt. Kontaktiere sie, wenn du einen Rat benötigst oder Möglichkeiten für Kampagnen suchst.

*www.hrw.org*

**Informations- und Dokumentationszentrum für Antirassismusarbeit e. V. (IDA)** — 1990 von verschiedenen Jugendverbänden gegründet, um aktiv gegen Rassismus zu sein. Heute sind 30 Verbände Mitglied des IDA, z.B. Mitgliedsorganisationen des Deutschen Bundesjugendrings, Deutsche Sportjugend, DIDF-Jugend, Bund der Alevitischen Jugendlichen in Deutschland e.V., die DJR-Deutsche Jugend aus Russland und der Verein Mach meinen Kumpel nicht an!.

*www.idaev.de*

**New Economy Organisers Network (NEON)** — Bildet bestehende Aktivisten und deren Netzwerke weiter und unterstützt sie. Es bietet Kurse zu jeder Menge Themen an (von Kampagnenstrategie bis zu Führungsqualitäten und Medienauftritten).

*www.neweconomyorganisers.org*

**Pro Asyl** — Die Menschenrechtsorganisation setzt sich für den Schutz und die Rechte von asylsuchenden Menschen in Deutschland und Europa ein. Hilfe bei Öffentlichkeits- und Lobbyarbeit, Unterstützung bundesweiter Initiativgruppen und von Flüchtlingen in Asylverfahren.

*www.proasyl.de*

**War on Want** — Die in London ansässige Organisation widmet sich der Bekämpfung der weltweiten Armut und arbeitet eng mit Gruppen auf der ganzen Welt zusammen, um Ungerechtigkeit und Ungleichheit den Kampf anzusagen.

*www.waronwant.org*

# DANKSAGUNG

—

Ohne den wertvollen Erfahrungsschatz, die ausgezeichnete Beratung und das umfassende Wissen eines unglaublichen Teams von Leuten wäre dieses Buch niemals zustande gekommen: Andrea Kurland, Clive Wilson, Chelsea Edwards, Dominique Sisley, Amelia Abraham, Adam White, Richard Power Sayeed, Joseph Alloway, Joe Ryle, Hannah Elsisi, Ben Smoke, Lyndsay Burtonshaw, Ellie Mae O'Hagan, James Robertson, Jessie Seal, Josie Long, Malia Bouattia, Jude Bunting, Ravi Naik, Simon Natas, Tom Wainwright, Dan Glass, Andrea Cornwall, Adriana Swain, Georgia Whitaker Hughes, Ashley Joiner, John Parton, Marc Valli, Vince Medeiros, Wendy Klerck, Taryn Paterson und Alex Wade.

ILLUSTRATIONEN

© Alejandro Alvarez, Seite 161; © Chris Bethell, Seite 164; © Rob Gilbert, Seite 162; © Jonathan Hanson, Seiten 200, 203; © Seb Heseltine, Seite 162; © Jade Jackman, Seiten 161, 163; © Mario Jean, Seiten 108, 111; © Theo McInnes, Seiten 56, 59, 86, 89, 160, 164, 176, 179; © David O'Connor, Seiten 36, 39; © Andrew White, Seite 152; © Sye Williams, Seiten 126, 129; © Earth Guardians, Seite 155.

Oliver Stafford, der Designer dieses Buches, ist Artdirector bei *Huck* sowie Illustrator und Designer für das Kult-Kinomagazin *Little White Lies*.

*Huck* ist ein erstklassiger Jugendkulturkanal in Video-, Digital- und Printform. Er ist eine überzeugende Alternative zu Mainstream-Medien und durchstreift auf der Suche nach Beweisen für die Entstehung einer Gegenkultur die Welt. *huckmagazine.com*